行动经管工具书
Action Business Publishing

组合激励

激活团队的七大策略

江竹兵 著

COMBINATION
INCENTIVE

电子工业出版社
Publishing House of Electronics Industry
北京·BEIJING

图书在版编目（CIP）数据

组合激励：激活团队的七大策略 / 江竹兵著. —北京：电子工业出版社，2019.9

ISBN 978-7-121-37226-1

Ⅰ.①组… Ⅱ.①江… Ⅲ.①企业管理－人事管理－激励 Ⅳ.①F272.92

中国版本图书馆CIP数据核字(2019)第167412号

广告经营许可证号：京海工商广字第0258号

责任编辑：刘露明

文字编辑：高 晶

印　　刷：涿州市般润文化传播有限公司

装　　订：涿州市般润文化传播有限公司

出版发行：电子工业出版社

　　　　　北京市海淀区万寿路173信箱　　邮编：100036

开　　本：720×1000　　1/16　　印张：16.5　　字数：259千字

版　　次：2019年9月第1版

印　　次：2025年3月第17次印刷

定　　价：59.00元

凡所购买电子工业出版社图书有缺损问题，请向购买书店调换。若书店售缺，请与本社发行部联系，联系及邮购电话：（010）88254888，88258888。

质量投诉请发邮件至zlts@phei.com.cn，盗版侵权举报请发邮件至dbqq@phei.com.cn。

本书咨询联系方式：（010）88254199，sjb@phei.com.cn。

推荐序

敬畏人性

看完《组合激励》一书，我最大的感触是：要敬畏人性。敬畏人性，也就是知人性，识人欲。这句话，其实也道出了激励的本质。

在不同的阶段、不同的年龄、不同的层级、不同的状态之下，人的物质需求和精神需求都是不一样的，人对成功的渴望也是不一样的。正是由于人性所表现出的复杂性、阶段性、层次性、时间性等特点，企业实施激励便不能以偏概全，更不能只依靠单一的激励模式，而是需要因时而动、因人而异，在激励上打好组合拳。这便是江竹兵老师的新书《组合激励》所提及的核心内容。

组合激励的目的是发掘人性、激发人性、赋能人性，让人创造更大的价值。通过激发人的内驱力，由内而外去激活人自身，激活人的动机和动力，进而激活组织，去创造更大的可能性。

然而，今天的企业在激励上存在许多陷阱。比如，很多企业家抱着唯股权激励论，认为股权激励就是灵丹妙药，一用就灵。结果有些企业在盲目导入股权激励后，不但没有起到激励人心的作用，反而把企业搞得人心涣散。股权激励要激励谁？什么时候适合用股权激励、怎样激励？股权如何定价、如何退出？诸如此类的问题都需要企业家慎重思考与判断。当一家公司的股权没有价值时，企业经营者硬要去做股权激励，结果一定是适得其反的；又或者企业股权的价值没有体现出来，公司管理尚未规范，这时候去做股权激励，企业家甚至会遭遇牢狱之灾。因此，做股权激励需要三思而后行，能不做股权激励就尽量不去碰。

还有很多企业经营者只知道一味地用金钱去满足员工需求，甚至到了唯物质激励论的地步。实际上，金钱在人性面前是非常脆弱的，只要人们愿意，金钱来得非常容易，但是如果使用不得当，反而会引发人性中贪婪一面的显现。

还有些企业唯精神激励论，只知道画饼，却从不兑现。

唯股权激励论、唯物质奖励论、唯精神激励论等都不可取，真正有效的激励，要从企业实际情况出发，实行组合激励。

人性的触动点来自被迫成功，来自迫不得已，来自内心深处渴望伟大、追求成功的原动力。

因此，对人的欲望越了解，对人内心中恐惧的剖析越透彻，就越能成为一个激励大师和管理高手。江竹兵老师就是这样一位知人性、识人欲的大师，他基于对人性的内驱力和原动力的理解，研发出了组合激励这一创新模式。同时，江老师也是一位有使命感、有责任感，而且对学术有工匠精神的研究者，他对绩效、对人性、对激励、对赋能，有深度的研究和极高的造诣。

高高山顶立，深深海底行。江竹兵老师组合激励的七大策略，从人性出发，给出模型、方法和工具，既有高维的思维论和认知论，又有可落地的操作法，是值得企业家、创业者和管理者深度学习和研究的一本好教材！

——李践

前 言

揭开企业激励的面纱

一、激励：一个永恒的企业话题

每个企业家都希望员工具备高度的责任心，能够自动自发，"干企业的活像干自己家的活"。每个企业也都在寻找各种各样的激励方法和工具，期望对员工实行最有效的激励，能够激发员工的内在动力。更有企业希望找出一套一劳永逸的方法，能够让员工长期保持高昂的激情。

但在激励员工这条道路上，我们充满太多的困惑与迷茫。曾几何时，我们倾听大师和成功企业家的高谈阔论：

"做企业要有使命、愿景，要统一员工的价值观。企业要做长远，必须要有好的企业文化，唯有文化方能使企业基业长青！"

"让员工干企业的活像干自己的活，最好的方式是让员工当老板，给员工分股权，让'耕者有其田，商者有其股'。"

"包产到户，一包就富。家庭联产承包责任制执行后，农民还是那个农民，田地还是那些田地，但是产量翻番。企业也应该包产到户，包利到人。"

这些成功的实践和经过市场验证的理论让我们兴奋，但实践之后的结果也让我们迷茫。为什么同样一个模式和方法，在别的企业用得好，在自己企业就不一样。为什么三十年前包产到户，一包就富，但三十年后包产到户，补贴到户，农民还是"宁肯把地荒，也要进城忙"？为什么牛根生通过分配股权，实现"财散人聚"做大了蒙牛，今天却被踢出局，"财散人也散"，连蒙牛也不姓"牛"了呢？

难道是"三十年河东，三十年河西"？难道是"风水轮流转"？难道是我们曾经引以为傲的激励模式出错了，不适应今天的市场了？为什么曾经那么多人学习海尔，但没有几家企业成为海尔？为什么海底捞仍然是那个海底捞，海底捞模式你学不会？为什么胖东来曾经全国闻名，扩张之后却选择了关店？

二、成功的激励永远是一套组合拳

《亮剑》是我最喜爱的一部电视剧，主人公李云龙有一个独到的本事，那就是激励战士。只要李云龙在，独立团就嗷嗷叫，成为一支逢敌敢亮剑、打仗不要命、誓死往前冲的钢铁军队。而李云龙激励干部战士的手法也非常多：

干掉坂田联队的指挥所，他把战士柱子叫过来："把敌人指挥部打掉，我赏你半斤地瓜烧……"

鼓舞刚吃了败仗的独立团战士，他给每个战士带了一套新军装："狼走千里吃肉，我们就是狼，碰到敌人就要像狼一样，把他嚼碎……"

训练战士实战演练："就是要真刀真枪地练，我宁可战士在训练中受伤，也不愿他们在战场上丢命。有能耐，你把别人的肋骨给我捅断两根……"

挑选加强排战士："让炊事班杀一头猪，有能耐有本领的吃肉，没本领的连汤也喝不上……"

面对日军扫荡，要求化整为零："怎么打鬼子我不管，只有一条，只允许我们占小鬼子的便宜，不允许小鬼子占我们的便宜。有能耐，你天天打了小鬼子，喝酒吃肉……"

人是要被激励的！《亮剑》中，干部战士被激励，打仗不要命地往前冲。今天，商场如战场，企业也需要激励员工。

"江老师，财务部员工该怎么激励？绩效机制怎么定？"

"现在大家都在学股权激励，我们企业要不要也搞股权激励？"

"都说做好了要重奖员工，为什么我们重奖后不但没取得效果，反而打击一大片？"

"现在公司的中层干部，房子有了，车子有了，收入上去了，干劲却下来了，怎么才能激励他们？"

"公司分了股份，人人是股东，可大家还是和以前一样干活，股东怎么激励？"

"公司员工一段时间有激情，一段时间又没激情，如何让员工始终保持高昂的斗志？"

这些都是我在辅导企业过程中，碰到的各种激励问题。

问题五花八门，但都出自同一种渴求：如何有效激励员工？对这些问题的回答，促使我思考：激励难道就是奖励，就是发钱吗？今天的企业到底需要什么样的激励？可不可以给企业一个参考样式？那些持续盈利、基业长青的成功企业是怎么做的？

带着对这些问题的思考，我研究工资、奖金、股权、荣誉、奖项、晋升、积分制、阿米巴、PK、电网等各种激励手段，十八般兵器各有所长，也各有所用。我研究华为、海尔、联想等制造企业，也研究小米、腾讯、百度、阿里巴巴等新兴网络公司，我发现这些成功企业都有一个共性：不是空谈激励，也不是单独搞激励，而是打一套激励的组合拳。

这些组合拳，就好比一个人的营养结构，人体需要维生素A、B、C、D等，缺乏任何一种元素，都有可能导致营养不良。只不过在不同阶段，所需要元素的剂量各不相同，比如儿童期是长身体的时候，需要足够的钙；老年时容易诱发心脑血管疾病，这个时候要注意补充维生素B等。

当我援引这些规律，并在我所辅导的企业中全面导入激励组合拳后，奇迹开始发生。这些企业员工被激励，绩效显著增长。这些成功的实践让我坚信，中国民营企业缺的不是某一项，而是一套激励的组合拳。

首先，从激励的手段来说，组合拳包括文化激励和机制激励。文化是软性的，机制是硬性的；文化是无形的，机制是有形的；文化是内在的，机制是外在的；文化是使命、梦想、责任心，机制的核心是"三子"——票子、位子和面子；文化让企业走得更久，机制让企业走得更快；文化温暖人心，机制驱动人性。

其次，从企业的周期来说，无论是初创期、发展期，还是成熟期，都需要这些组合激励，只不过在不同阶段，侧重点有所不同。

再次，从员工在企业的发展来看，无论是新入职员工，还是工作3～5年、8～10年，或者更长时间的老员工，也都需要这些激励。

三、激励因时而变

时代变了，组合拳的应用，也要因时而变。

这就类似GDP的发展，当一个国家贫穷时，最先要解决的是发展问题，是人民的吃饭问题，这时候追求"吃饱喝足"是最为迫切的需求，激励强调物质也成为必然。当发展到一定阶段，人民生活水平提高后，追求"吃好喝好"成为不时之需，在关注物质的同时，会更加强调生活的品质。而当物质进一步发展时，高层次的精神追求就会接踵而来。

激励也需要因时而变。

首先，企业的员工结构发生了巨大变化。从60后、70后、80后，到90后乃至00后，不同年代的人基本诉求有所变化。

其次，关于激励，一定不要幻想一次激励，终身到位，这是不可能的。同样，钱能凝聚人心，但是钱也能让人心涣散。如果只关注钱，就会出现有钱做事，没钱不做，唯钱是举，唯利是图的情况。

相互间的感情、友情、合作关系，那种为了共同的目标而奋斗的生命激情，在艰难困苦时共同挽扶走过的那段岁月回忆，那种"胜则举杯相庆，败则拼死相救"的兄弟间的情谊，那种一群人、一件事、一辈子的奋斗、拼搏过的人生历程，才是激励所有人前进的不竭动力。

人生需要一种使命、一种追求，更需要一种超越物质的精神皈依，那是我们心灵的家园、灵魂的归宿。

目录

第一章

员工激励之痛

华灯初上，城市里各大办公楼的灯光开始陆续熄灭，工作了一天的人们开始下班。但到深夜时分，有一些办公楼依然亮着灯光，伏案工作和讨论仍在继续。甚至在凌晨，乃至晨曦初露，熬过了一个不眠之夜，新的战斗又拉开了序幕……

有人说，城市夜晚的灯光代表一个国家的经济发展程度。如果从太空看地球，你会看到发达地区灯火通明，而不发达地区则一片黑暗。若以此类比，晚上办公楼的灯光与华为（见图1.1）和阿里巴巴（见图1.2）的员工激活状态也有类似的正相关。

图 1.1 凌晨的华为

图 1.2 凌晨的阿里巴巴

朝九晚五，那是一般的工作状态。

深夜无眠，那是奋斗者的工作状态。

凌晨战斗，那是创业者的工作状态。

通宵达旦，那是"疯子"的工作状态。

曾经有媒体记录了杭州阿里总部和华为杭州分公司的员工下班时间。

20:30，华为杭州分公司灯火通明。

23:25，华为门口有了第一波下班小高潮。

00:34，有人骑电动车出来。

再看看阿里巴巴：

19:56，阿里巴巴"蜂巢"光彩耀人，大门前只有寥寥几人下班。

22:33，阿里人开始陆续下班，大多都提前约好了专车，马不停蹄地回家了。

00:00，阿里亮得像白天。

当然，我并不提倡让员工每天工作到凌晨，废寝忘食干工作，我也不是鼓吹"加班熬身体，低效耗时间"的工作模式。但是对比优秀企业和一般企业，你会发现，那些优秀企业的员工都充满活力、激情四射、工作高效、成果显著。

曾有许多企业家问这样一个问题：为什么我们企业的员工不是这样？为什么我们企业的员工做不到这样？来倾听一些他们对于员工的控诉：

掐着表上班，算着点下班，做事没状态，工作没激情。

完成工作困难一大堆，完不成理由一大堆。

不是互相配合，而是推卸责任，彼此间钩心斗角、尔虞我诈。

老员工躺在功劳簿上睡大觉，不思进取摆资格。

工作挑肥拣瘦，讲条件，不给钱就不干。

拨一拨转一转，不拨永远不转，不检查就不执行……

类似现象层出不穷，让企业家由衷地感到，如何激励员工确实是企业经营中极大的难题。

第一节 "迫不得已"的激励

> 这个世界上的很多事情，其实都是被迫的。因为要吃饭，所以要劳动；因为要御寒，所以要穿衣服；因为要治疗疾病，所以要发展医学。同样，因为员工不愿意自动自发，所以要对员工进行激励。而从企业角度，激励实乃"不得已而为之"。

一、成本上涨下的生存危机

我从事绩效管理咨询与培训已有 20 年的时间，讲授超过 300 多场的绩效课程。在每次"绩效增长模式"课堂上，我都会调研企业的经营状况，而其中一个重要的数据就是人工成本。企业人工成本是上涨还是下跌？幅度有多大？综合大部分企业的回答，企业每年人工成本的增幅在 10% ~ 20%。其实这只是计算了"显性人工成本"，还有很多"隐性成本"没有计算。如果计算全人工成本，数字简直吓人，现罗列如下：

◎ 员工工资：基本工资、绩效工资等年薪（月薪）范围内的工资。

◎ 津贴补贴：交通补贴、食宿补贴、高温补贴、取暖补贴、危险津贴等。

◎ 五险一金：国家法定范围内要缴纳的医疗、失业、养老等社保费用。

◎ 补充福利：在国家法定范围外，为员工额外购买的商业保险或补充福利等。

◎ 招聘费用：招聘广告费用、差旅费用、推荐人才的奖励费用。

◎ 培训费用：新员工入职培训、员工能力提升培训费用（场地、食宿、教材等）。

◎ 办公费用：给员工工作而配置的桌椅、电脑、工服等各种费用。

◎ 损耗成本：因员工刷微信、干微商等影响工作效率而损失的成本。

◎ 管理成本：为了监督员工工作成效而发生的考核成本、管控成本。

◎ 机会成本：因错误雇用导致人岗不匹配，而丧失时间与机会等的成本。

◎ 风险成本：员工工作重大失误，比如失火、伤人等最终由企业来埋单的成本。

◎ 其他成本。

这些人工成本的金额有多少呢？

假设员工工资是1，津贴补贴为0.05～0.1，五险一金为0.4～0.5，补充福利0.1～0.3，招聘费用0.01，培训费用0.02，办公费用0.002，损耗成本0.12，管理成本0.01，机会成本1，风险成本0.1，综合计算约为3.16。也就是说：如果企业雇用1名员工，给出的薪酬为1万元/月，实际支付的成本却是3倍，有3万多元。这还只是我的保守算法，在某些行业，这个倍数可能达到5～8倍。而且职位越高的人，倍数越大。

这个数字并非无凭无据，举几个实例，我们会发现，实际情况更严重。

众所周知，招聘问题几乎是所有企业的心病。最近这5年，我辅导了近百家企业，还没有一家企业说自己不缺人。无论是大企业，还是小企业，想找到自己中意的人，真是难之又难。

以我近期辅导的一家全国连锁餐饮企业为例，其基层服务员和厨师岗位常年缺编，严重时缺编率甚至达到30%以上。企业想尽各种办法"搂人"：网络招聘、校招、合作办学、内部介绍、同乡带同乡，管理层带着招聘指标回家过年，等等。为了找到人，企业出台各种激励措施，推荐服务员的奖励费用从最初的200元/人涨到现在的800元/人，给愿意来的异地员工报销路费，给新人发放入职奖励，加大工龄补贴，等等。几乎能想到的手段都在运用，却还是少有人推荐。

让我们简单算笔账：假如一家企业有 1 000 名员工，每一名员工的基本工资为 3 500 元，再加上各种福利补贴与社保费用，每月共计 5 000 元，那么全年总共 6 000 万元的工资总额（不包括其他隐性成本）。按照年流动率 30% 计算，要招 300 人，人均 2 000 元招聘费用（包括广告费、中介费、猎头费、内部推荐费、差旅费、招聘人员工资费用分摊等），每年至少需要 60 万元。如果流动率提高，招聘费用将会更高。而在隐性成本中，有一个成本（效率损失）更高，但它往往容易被人忽视。以我曾经辅导过的食品行业某巨头企业为例，该企业有 3 万名员工，年销售额近 300 亿元。表面上，这家企业做得很不错，知名度高且业绩增长也很快。但深入之后我发现，企业内部有巨大的效率提升空间。

比方说，微信在这几年蓬勃发展，刷微信成为人们日常生活的一部分。调查显示：平均有 25% 的微信用户每天打开微信超过 30 次，55.2% 的微信用户每天打开微信超过 10 次。工作群体上班时间平均有 1 小时在看微信。微信的出现不仅改变了我们的生活方式，也正在影响我们的工作模式：频繁地打开微信，导致员工注意力分散，大块的工作时间减少。

假如 3 万名员工，每天有 1 小时的效率损失，每天总计 3 万小时，按照每小时工资标准 10 元进行计算，那么每天就是 30 万元的效率损失；每年 250 多个工作日，一年的效率损失竟高达 7 500 多万元。

如果再往大处算，全中国有 13.8 亿人，适龄劳动人口为 4 亿人，每天如果能够减少 1 小时浪费，按照最低 10 元、全年 252 个工作日计算，合计为 1 万亿元。这还是成本计算法，而如果按照 1 小时的创造价值 100 元来计算，更是高达 10 万亿元。

人工成本的另一个特征是具备"刚性"——上涨容易下降难。而且，随着最低工资标准、社会平均工资的逐年增长，以及大量用人缺口的存在，人工成本的上涨仍然是不可逆转的趋势。

然而，对于企业经营者来说，新的竞争对手层出不穷，竞争压力加剧，终端消费价格却难以同步上涨，甚至由于竞争导致销售额下滑，于是企业就出现了这样的情况：

原来的企业经营是 10–8=2，意思是销售收入为 10，成本费用为 8，企业利润还有 2（x_1 点）。

现在，由于人工成本上涨，企业总成本费用从 8 增长到 9，销售额是 10.5，计算公式为 10.5–9=1.5（x_2 点）。由此可见，由于人工成本的上涨，即使企业销售额见涨，最终还是得到利润变薄的结果（见图 1.3 ）。

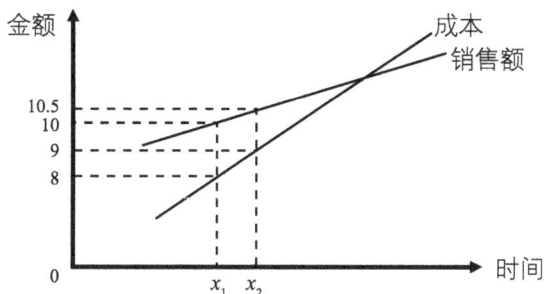

图 1.3　企业成本上涨曲线

接下来，如果竞争加剧，销售额下滑到 9，企业总成本没有下降，还是 9，那么，计算公式将变成 9–9=0，也就是说，利润没了。假如情况继续恶化，销售额下滑到 8，企业总成本增长到 10，8–10=–2，此时企业就将出现亏损。

在这种情况下，为了自救，企业必然会面临两个选择：一是削减成本；二是增加收入。而无论哪种情况，企业都必须激活人，因为事是人做的。

二、不关注人均劳效的企业不是好企业

人均劳效，即人均平均劳动效率的简称，它代表了一个公司、企业或团队的劳动程度。计算指标有人均产出、人均销售额、人均收入、人均毛利、人均净

利等。按照人均成本的综合计算法（显性成本加上隐性成本），一个年薪 12 万元的员工，总人力成本约为 36 万元。如果该员工的产出低于 36 万元，那就意味着他没有为公司创造价值，他是公司的"负债"，而不是"资产"。

对于高层来说，这个可以用来判断其价值的比例实则更大，可能是 1 ： 5~1 ： 10。为什么是这样高的比例，我们可以参考松下幸之助。他曾经讲过这样一番话："大家都知道，我是公司的最高领导，月薪也是最高的。究竟有多高，我在这里也不便透露了。假设我的月薪是 100 万日元，如果我只完成了相当于 100 万日元的工作量，那么我是无法给公司带来任何效益的。我必须至少完成相当于 1 000 万日元的工作量，公司才能发展下去。因此，我常常问自己有没有完成这么大的工作量，并继续拼命地工作。"

这个价值比例对每名员工来说，都是存在的。假如你的月薪是 10 万元，你只完成了相当于 10 万元的工作量，那么公司就没有任何收益，既不能给股东分红，也不能向国家纳税。

因此，大家都应该时常反思一下，这个月自己究竟完成了多少工作量。当然不能笼统地说多少工作量才是合适的、最好的。一般来说，月薪 10 万元的人至少要完成相当于 30 万元的工作量，甚至是 100 万元的工作量。

如果大家都用这种方式来评估自己的工作，以此来提高工作效率，最终将使自己的工作绩效上升到一个新的台阶。

归结起来看，这其实也是一个公式：员工产出 – 员工人工成本 ＝ 员工价值。

◎ 当员工产出大于人工成本时，员工是有价值的，是公司的"资产"或"资本"。

◎ 当员工产出等于人工成本时，员工价值是 0。

◎ 当员工产出小于人工成本时，员工价值为负，是公司的"负债"。

举例来说，刚招聘来的新员工，因为要熟悉公司业务，有一个适应期（大概 3~6 个月），这段时间他所创造的价值是负的，是"负债"；等到 3 ～ 6 个月甚至更长的时间后，他逐步熟悉了工作，产出逐步增大，开始创造价值，这个时候他是有贡献的，逐步成为公司的"资产"。但是如果该员工不思进取，不加强自我学习，又会进入产出的衰退期，而企业支付的成本并未下降，这时候员工的价值又会变成负数，他又变成了公司的"负债"（见图 1.4）。

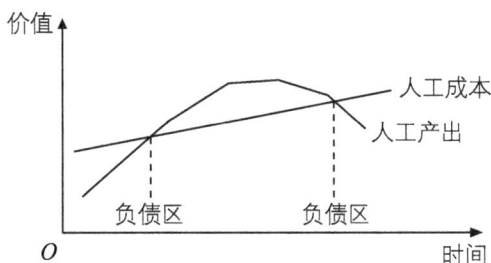

图 1.4　人工成本与人均产出线

企业实施激励的核心目标，就是要不断提高员工的人均产出效率，缩短其适应期，延缓其衰退期，让员工的价值创造期提高并且拉长（见图 1.5）。

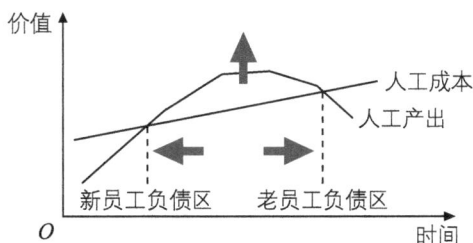

图 1.5　激励扩大员工资产区

企业实施激励的措施，可以根据对象的不同，分为以下两种：

（1）激励新员工，让新员工尽快成长，尽快跨过负债区，进入资产区。例如，让新销售员工尽快出单，产生销售业绩；让生产新员工尽快上手，产生劳动成果，等等。

（2）激活老员工，让老员工的潜能得到开发，提高人均产出价值，让员工的劳动生产率有更大的提高。例如，稻盛和夫提出的"单位时间产出价值"概念，就是衡量企业和团队在每个单位时间的产出，通过精细化管理，最终实现提高单位时间产出价值的目的。

一般来说，传统企业关注人效。然而今天网络科技迅速发展，万物互通互联，新兴的互联网企业是否需要提高人均效能呢？答案是肯定的。阿里巴巴原B2B的CEO卫哲说："一个互联网公司没有人均10万美元的利润贡献，就不是真正的互联网公司。大家只看到有多大，发展有多快，而这个大和快的背后，是效率。"

曾经，阿里巴巴有一支赫赫有名的铁军，叫中供铁军——中国供应商地面推广的销售团队。从这个团队里面，走出了滴滴的程维、美团COO阿干、去哪儿总裁张强等创业精英，堪称一支"造星军团"。

中供铁军就是典型的追求人均效能的团队。这个团队没有人数限制，只有一个指标：加一个人要实现一年加一百万元的销售额。当时，中供铁军销售的产品对阿里集团的净利润率25%~30%，这意味着团队里一个人一年就能为公司赚25万~30万元，而他的销售额是每年100万元。这个地面推广团队的规模为5 000人，就对应着50亿元的营业额、12.5亿元的利润。这就是互联网公司的人均效率！

后来创建淘宝的时候，马云又给淘宝定了一条规则：人数不受限制。很多做企业的都会说，人数不受限制，那企业不是要失控吗？这是因为他们不清楚这其中的关键——淘宝的指标：人均1亿元交易额。

淘宝的人均利润比中国供应商还要高，中国供应商每100万元收入有大约25万元净利润，淘宝每100万元收入有50万~60万元净利润。因此，这一个人的交易额意味着什么呢？意味着为公司带来200万元的收入和人均100万元的利润。

正如卫哲所说，互联网企业最大的作用就是提升效率。没有效率的增长，不是慢性自杀，而是加速自杀。这也证明了互联网企业更关注人效，为了提高人效，就要花大力气激活员工，大幅度提高人均产出。

三、核心是激活员工潜能

企业经营者想要提高员工的价值贡献，通常有两个着力方向：一是想办法降低人工成本；二是激活员工潜能，提升人均产出。

首先，我们来看降低人工成本。实现这一目标的具体方式有：通过组织结构优化，减员增效：两个人干四个人的活拿三个人的钱；用机器设备取代人工；外包第三方机构办理，等等。

方式有很多，但有一点需要特别注意：靠压低员工工资的手段，是无法降低人工成本的。实际上，克扣或压低工资，只会导致员工的工作效率降低、磨洋工、出工不出力，最终结果是企业与员工双输。我们要谨记：低工资下无管理，低工资下也很难有高效率。

曾经有一位企业经营者向一位管理大师诉苦，他的公司管理极为不善，希望大师能够给他一些建议。管理大师应约前往公司实地走访，发现了问题所在。

管理大师问老板："你到菜市场买过菜吗？"老板愣了一下，答道："去过。"

管理大师继续问："你是否注意到，卖菜人总是习惯缺斤少两呢？"老板回答："是的，是这样的。"

"那么，买菜人是否也习惯于讨价还价呢？""是的。"老板回答。

"那么，"管理大师笑着提醒老板，"你是否也习惯于用买菜的方式来购买员工的生产力呢？"

老板吃了一惊，睁大眼睛看着大师，不知该怎么回答。

最后，大师总结说："一方面你在工资上跟员工动脑筋，另一方面员工在工作效率或工作质量上'短斤缺两'，这就是你的公司管理不善的根源所在啊！"

一般来说，企业激励员工最核心的方法还是通过激活员工潜能来提升人均产出，让员工提高敬业度，爱上自己的事业。全球知名咨询机构盖洛普的研究表明，一个爱岗敬业的员工，其产出效率远远超过一般员工。如果一个人发挥30%的潜能，就能胜任岗位需求；发挥60%的潜能，就可以做得很优秀。但调研发现，超过85%的员工没有充分发挥其工作潜能。

盖洛普曾经发布"员工敬业度和工作环境研究"报告称，全球只有13%的雇员的工作状态算得上敬业；对工作漠不关心的人占了绝大多数（63%），他们没什么工作积极性，基本上靠每天梦游度日；还有24%的员工处于最糟糕的怠工状态，这部分人不仅讨厌自己的工作，而且还会暗中破坏同事们的工作成果，以发泄心中不快。而在中国，员工的敬业度比世界平均水平更低。盖洛普在报告中称，是中国企业的管理体制造成员工敬业度低下的结果。报告还称，中国的公司常常有"指挥控制"的阶级色彩，传统的"单位"更是滋生怠工的温床。在很多情况下，管理者居其位，却不具备鼓励员工的能力。

管理大师加里·哈默在谈到员工敬业度时说："如果看一眼全世界关于员工敬业度的调查数据，你就会发现，实际上，没有一个国家的员工对工作投入度超过20%。所以，站在管理者的立场上来看，这意味着大约80%的员工，或者在员工80%的工作时间里，他们是身在曹营心在汉。"

"如今，当我们奋力摆脱竞争的压力，为如何再削减3%～4%的成本而殚精竭虑时，其实，我们忘记了，在任何一个组织里，最大的闲置财富和潜在资源就是那些还没有在工作中发挥想象力、热情和创造力的员工。"

"而员工的创造力、想象力等类似的能力，是很难通过下命令获取的。即使你可以这么做，作用也不大，员工可以自由选择是否把这些天赋运用到工作当中。这种情形与管理初衷相悖，因为作为一名管理者，今天面临的问题不再是如何让员工为企业效力，而是如何创造一个旨在激发创造力和点燃热情的环境，并从中获益。"（引自《管理的本质》，斯图尔特·克雷纳、戴斯·狄洛夫著，中国人民大学出版社，2017）

第二节　别把激励做成福利

> 　　有的企业为了激励员工，可谓想尽办法。不断增加提成，提高奖励，学习优秀企业的各种激励模式，导入股权激励，重新划分组织结构，实行阿米巴，等等。但这些措施为什么很难取得应有的效果呢？

一、割肉式激励，能维持多久

　　情景1：某部门2017年工作业绩完成得不好，部门负责人跟老板报告原因：员工积极性低，人员流失率大，而最主要的是工资太低，如果再不涨工资，人员流失将会越来越快。老板一听有道理，找来人力资源部门负责人商量，该负责人也是这个意见，于是老板决定给所有人加5%的工资。

情景2：某企业实行固定工资机制，为了提升绩效，人力资源部建议公司再拿出一笔钱，设置为绩效工资，做好就发，做不好不发。结果一段时间执行下来，员工80%以上都拿到绩效工资，但是企业业绩并没有得到显著增长。

以上两个案例，其本质都是一样的：补贴，即企业多拿出一部分钱来做激励的模式。我把它比喻为"割肉式激励"。通常在企业中有如下表现：

◎ 会哭的孩子有奶喝，谁叫得凶，就会向谁倾斜。

◎ 以离职相"要挟"，不被满足则动辄提出辞职。

◎ 以照顾员工生活为理由，不断要求加大激励力度。

◎ 没有功劳还有苦劳，没有苦劳还有疲劳，大家很辛苦，要涨点工资……

割肉式激励是一种补贴，导致企业多支付了成本，但员工并没有因为激励而改变他的行为，他们是"外甥打灯笼——照舅（旧）"，该怎么做还是怎么做，绩效结果并没有增加。最后，企业的支出成本增加了，绩效产出结果却未增长，因而企业激励没有任何效果。

二、打鸡血，毒瘾越染越深

情景3：A公司2018年4月经营分析会现场

"重赏之下必有勇夫！"

"财散人聚，财聚人散！"

"员工动力不够，核心原因是我们的激励不到位！"

"要敢给！小舍小得，大舍大得，不舍不得！"

这是某服装销售公司的经营分析会现场。以上为谈到如何提升门店销售业绩时，各部门七嘴八舌提出的建议。

"有道理！看来大家已经形成共识了。"董事长思索着，"要激励员工，就要敢下猛药，有钱大家赚，赚得多分得多，做老板就是要有格局，要舍得！"

于是，会议决定：加大对门店店长和员工的激励，在上一年的实际业绩基础上，制定20%的增长目标，达成目标就拿出利润的50%来进行分配；达到挑战目标（增长35%），就拿出利润的70%来分配。

情景4： B公司2017年6月经营分析会现场

"上半年我们受到电商的冲击很大，经营业绩持续下滑，员工士气不足，动力不够。"

"前两年搞的超额激励效果很好，但已经施行两年了，激励也应该再变化一下。"

"核心人才尤其是店长，没有主人翁意识，感觉自己就是个打工的。"

"要激励员工，现在流行股权激励，让员工当老板，解放董事长。"

"大家说得都有道理，"董事长陷入思考中，"可是这两年电商冲击，销售业绩虽有增长，但主要靠打折促销返利，成本上涨幅度更快，门店经营已经没有利润了，再搞股权激励，是不是把门店变卖给员工算了？"

案例中这种打鸡血式的激励，就是饮鸩止渴。当企业出现下列情况时，要注意了，企业可能进入一个打鸡血式的循环：

◎ 激励力度大大超越行业标准。

◎ 人工成本大幅增长，利润大幅降低。

◎ 员工在短期内陷入疯狂的工作状态。

◎ 不断调整和加大激励力度，频次过高。

打鸡血是一种非常规的激励手段，不可以常态化。一旦常态化，就会让肌体形成"耐药性"，剂量很小时，根本没有作用；严重者，使欲望超过了承载能力，因此调动欲望就变成了一场灾难。

三、为什么股权激励会无效

情景5： 某公司召开学习华为研讨会，会上大家畅所欲言，探讨华为成功的秘诀。

"华为的成功，最重要的是有华为人，是为了工作和理想拼尽全力的华为人。"

"驱动华为人拼命工作的核心是其激励机制，而最核心的是股权激励机制。"

"华为18万名员工，任正非自己的股权比例只有1.52%，其余全部分给了员工。"

"华为员工持股人数达到6.5万人，这是真正做到了调动员工，让员工做主人。"

"有恒产者有恒心，让员工变股东，才能实现自动自发。"

一上午的讨论使得现场气氛热烈，群情高涨。董事长也热血澎湃：公司要发展，必须塑造一批敢担当有作为的年轻人，要让他们看到发展的希望，拥有公司的未来。董事长会上拍板决定：公司启动股权激励计划。

两个月后，公司股权激励计划出台，群情激动。看到大家的表现，董事长也很欣慰，终于把员工激活了！

两年后，我见到这家公司的董事长。

"股权激励效果怎么样？"

"别提了，江老师。我拿出一个多亿来做股权激励，老员工享受了成果，但现在大家躺在功劳簿上睡大觉，今年业绩反而下滑了……"

为什么这些激励都没有取得效果呢？

往深处思考，这些激励都有一个共性特点，那就是：把激励做成了福利。

四、错把激励做成福利的3种情况

现实中，常有企业把激励做成了福利，常见的有 3 种情况。

第一种情况：与业绩无关。

举个例子，上海某企业招聘了大量外地员工，为了解决员工住宿难的问题，公司出钱租了一批公寓（一室一厅，30 套），市场租赁价是每月 3 800 元，而公司以 800 元的优惠价格让员工居住。

公司本意是为了方便新员工，因为外地新员工刚到上海，人生地不熟；再说新员工本身工资待遇不高，尤其是刚毕业的大学生，支付较高的房租会导致其压力巨大。但由于管理不善，这项激励新员工的政策并没有严格的界定，以至于很多在公司工作了 5 ~ 6 年的员工，有的已经结婚并在上海买了房，还在长期占用员工宿舍。而公司实际支付成本每年高达 108 万元［（3 800-800）×30×12］。

第二种情况：无风险性。

我在国企待了 7 年，深切感受到很多激励政策不仅没能提升业绩，反而导致员工产生惰怠情绪。为什么呢？因为这些激励变成了福利，变成了"无风险激励"。

当年在研究生毕业后，我进入国企，与同期进入民营企业的同学相比，虽然工资差一点，但是国企的福利相当好。除了国家规定的五险一金，还有各种补充养老保险、补充医疗保险、补充公积金、补充商业保险、企业年金等，另外，每月的交通补贴、饭补、洗衣费、出差补贴，高温时节的高温费，寒冷时节的取暖费，年底的"阳光普照奖"（每年业绩好，公司给每个员工多发 1 ~ 2 个月工资，由于大家的标准都一样，公司内部员工称之为阳光普照奖），这些进项加在一起，相当于年收入的 80%。更大的好处是，这些收入是"无风险"的，员工只要在公司，就都能享受。

在感叹国企福利好时，我发现自己越来越安逸，时间越长，这种感觉越明显。就好比温水煮青蛙，在舒服中消磨了斗志。以至于后来我想离开国企进入民企时，居然花了半年时间"思前想后"，最后才痛下决心离开。

第三种情况：有之未必然。

这种情况的激励通常有这样的表现：福利做好了，并不能带来业绩的增长；但是福利一旦取消，就会引发员工的不满。为什么会出现这样的问题呢？我们可以结合心理学方面的理论来了解。

美国心理学家赫兹伯格曾在 1959 年提出双因素理论（Two Factor Theory），他把企业中有关因素分为两种，即满意因素和不满意因素。满意因素是指可以使人得到满足和激励的因素，也称激励因素；不满意因素是指容易产生意见和消极行为的因素，即保健因素（见图 1.6）。他认为这两种因素是影响员工绩效的主要因素。保健因素的内容包括公司的政策与管理、监督、工资、同事关系和工作条件等。这些因素都是工作以外的因素，虽然满足这些因素能消除不满情绪，维持原有的工作效率，但不能激励人们更积极的行为。激励因素则与工作本身或工作内容有关，包括成就、赞赏、工作本身的意义及挑战性、责任感、晋升、发展等。这些因素如果得到满足，可以使人得到很大的激励，若得不到满足，也不会像保健因素那样使人产生不满情绪。

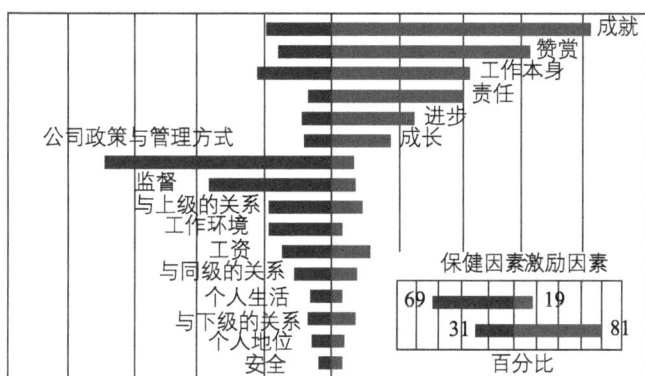

图 1.6　企业中的保健因素与激励因素

在辅导企业绩效管理的过程中，经常有学员问我，要不要给全员做绩效？要不要全员利润挂钩？这里面实际上包含两个疑问：一是要不要激励每个人的价值产出；二是每个员工与公司利润是什么关系。

全员都要做绩效，这个大家好理解，"千斤重担万人挑，人人头上有指标"，每个人都要做出自己的价值贡献，即使是清洁工，也在为公司的发展贡献自己的价值。但要不要全员利润挂钩呢？这就出现重大分歧了。

一部分人主张全员利润挂钩，理由是人人都在为企业发展和利润做贡献，理应享受公司发展成果。另一部分人主张不应该全员利润挂钩，理由是员工虽然做出了贡献，但并没有对利润产生直接影响，或者虽有影响，但是影响微乎其微。

我们怎样更有依据地来解答这个疑问呢？

我一般都会这样举例：要不要全员与利润挂钩，就好比全体中国人民要不要和 GDP 挂钩。我们每个人的工作产出，都是在为中华人民共和国 GDP 做贡献。假如现在确定一个机制：每个中国公民都和 GDP 挂钩。如果 2019 年度 GDP 达到 6.5% 的增长率，则人均发放"利润分红"1 万元，那么随着这个措施的实施，大家都会很开心。

但如果 2019 年 GDP 没有达到 6% 的增长率，每个人都要罚交 5 000 元给国家呢？很多人都会不愿意了，他们会反驳：我就是一个小老百姓，我已经为国家 GDP 增长做出了贡献，但是我决定不了 GDP 增长的快慢，更担负不了这么大的责任啊！

这个类比案例说明了什么？全员与利润挂钩，人人皆能分利，实际上是一项针对全员的福利措施。发放，大家开心；但要扣减，大家不乐意。只享受分利，而不愿担责，责权利不对等，这就不是激励。

第三节 用投资的眼光做激励

激励不是福利，而是投资。对企业来说，激励是"用有效的资源投入，最大化地调动和激活员工，实现产出绩效的最大化"。依此类推，衡量激励效果的好坏，可以从投资角度看投入产出比。这是什么意思呢？举一个形象的例子，如果员工给你产出贡献 1 个亿，你奖励他 100 万元都不算多，但如果他的贡献是 1 元钱，你奖励他 8 角钱都是多的！这就是投入产出比。

从老板、员工、主管、HR4 个角度，对投入产出的概念理解应如图 1.7 所示。

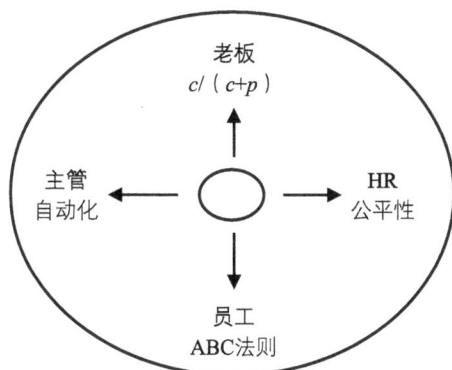

图 1.7 从 4 个角度看投入产出

一、老板：$c/(c+p)$

老板最为关心的是投入产出比。表现在：一是激励投入，即激励成本；二是激励产出，能否激活员工、产生业绩，让企业利润增长。总体来说，就是以最少的投入获得最大化的产出，这就是 $c/(c+p)$ 原则。其中：

c——人工成本（包括员工工资、奖金、福利、社保等与人工有关的支出，即激励成本）。

p——企业利润（归属于企业的税前利润）。

$c/(c+p)$，即人工成本 /（人工成本 + 企业利润）。这个指标显示了每赚一元利润，所要花费的人工成本。在企业中通常会采用这个指标，它是为了满足统计需要而进行的一种平滑处理。一般而言，$c/(c+p)$ 比值越低越好！

举例：某企业 2017 年营业额是 1 亿元，人工成本为 2 000 万元，利润为 2 000 万元，那么，这家企业的 $c/(c+p)$ =2 000/（2 000+2 000）=0.5。

若：

（1）2018 年，该企业营业额达到 1.2 亿元，增长率为 20%。人工成本为2 300万元，利润是2 100万元，那么2018年的$c/(c+p)$比值是：2 300/（2 300+2 100）=0.52。这说明$c/(c+p)$在往上走，那么这个时候要注意了，利润增长率达到5%，但人工成本增长率达到15%，说明企业每一分钱的人工成本投入的利润产出在变少。

（2）2018年，该企业营业额达到1.2亿元，增长率为20%。人工成本为2 100万元，利润是2 100万元，那么2018年$c/(c+p)$的比值是：2 100/（2 100+2 100）=0.5。$c/(c+p)$与2017年持平，利润增长率达到5%，人工成本增长率也是5%，说明企业每一分钱的人工成本投入的利润产出没变化。

（3）2018年，该企业营业额达到1.2亿元，增长率为20%。工成本是2 200万元，利润是2 300万元，那么2018年$c/(c+p)$的比值是：2 200/（2 200+2 300）=0.49。$c/(c+p)$比2017年低，利润增长率达到15%，人工成本增长率是10%，说明企业每一分钱的人工成本投入的利润产出在增加。

可以把每年$c/(c+p)$的比值，画成曲线图（见图1.8）。站在企业角度，如果是曲线1，要警惕：人工成本快速上升，在吞噬企业的利润；如果是曲线2，要关注；如果是曲线3，说明企业良性发展，效率和效益在迅速提升。

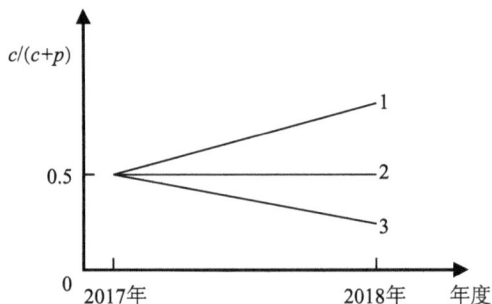

图1.8 企业$c/(c+p)$年度曲线

站在投资角度，曲线 1 说明，激励的投资回报率在逐年走低；曲线 2 说明，激励的投资回报率没有变化；曲线 3 说明投资回报率在持续提升。这其实是站在股东角度思考问题，企业经营好与坏，利润是其中的衡量指标之一，但更重要的是看 ROE（投资回报率），拆解为三部分（利润率、周转率、杠杆率），意味着既要"多赚"，又要"快赚"和"巧赚"。企业支付给员工的工资奖金，其核心概念也是一样，不是投入成本，而是用有限的资源投入，一定要创造最大化的产出。

二、员工：ABC法则

站在员工的角度，员工最为关心的问题是：我在企业干成什么样，有什么说法。即干多干少不一样，干好干坏不一样，干与不干不一样。干得好，拿得多；干得不好，拿得少。这个说法要清清楚楚、明明白白。也就是说，有区分度的存在，我称之为 ABC 法则（见图 1.9）。

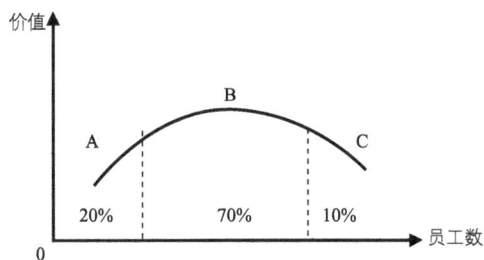

图 1.9　员工"ABC"法则

A——最优秀的，比例较少。

B——合格的，比例较多。

C——最差的，比例较少。

ABC 法则有两层意思：一是价值创造区分，把员工的工作价值区分为 A，B，

C；二是价值分配区分，员工的分配也要区分为 A，B，C。

员工价值创造区分，国际上也把它叫作 271 法则，即创造 A 类价值的员工占 20%；B 类价值的员工占 70%；C 类价值的员工占 10%。这是一个相对比例。

员工价值分配区分，即 A 类员工和 C 类员工的分配差距，也要有差距。差距有多少呢？要视具体情况而定。一般来说，要在 30% ~ 300%，即差距为 3 倍。例如，一般员工年薪 10 万元，干得差的 5 万元，最好的员工要在 15 万元以上。价值分配区分度 3 倍以上，是一个经验数值。如果低于 3 倍，比如某企业员工平均工资 5 000 元 / 月，做得好的员工拿 5 500 元，最差的 4 500 元，差距5 500-4 500=1 000（元），那么就可能存在大锅饭现象，即干多干少一个样，干好干坏一个样，干与不干一个样，最后的结果是"劣币逐良币"，"坏人"把"好人"给挤跑了！

需要说明的是：区分度并不是越高越好！但是就企业当前情况来说，不是怕员工得红眼病，而是员工价值区分和价值分配没有拉开差距。曾有一位知名企业家说过：我以为一个好员工顶 10 个一般员工，其实一个好员工顶得上 100 多个一般员工。

这个思维背后的逻辑道理是什么呢？其实是价值创造方式发生了重大变化，由此导致价值分配拉开了巨大差距。在农耕时代，劳动方式方法落后，生产力低下，人和人之间的差距实际是体力差距，好比挑担子，同样是 20 岁的年轻人，体力好的挑 150 斤（1 斤 =0.5 千克），体力差的挑 100 斤，上下差距比为 1.5∶1。但是到了工业时代，机器替代人工，人和人之间不是拼体力，而是拼脑力、拼智力，这个时候价值创造差距比就不是 1 倍，而是 10 倍乃至 100 倍的差距。而到了深度竞争时代，不只是拼脑力，还要比拼心力，看谁能坚持到最后时刻，这个时候的差距就是 100~1 000 倍。

三、主管：自动化

站在主管的角度，主管最关心的问题是自动化计算，即不依靠过多的主管评价，减少人为干预，通过对工作成果的即时衡量来自动化产出绩效。长期以来，由于存在面子文化和"没有功劳，也有苦劳；没有苦劳，还有疲劳"的思想意识，以及主管自身对评价尺度的把握不同，主管对下属的评价会出现"居中现象"或"胳膊肘往里拐"效应，评价结果往往有失公允，难以服众。基于这样的评价结果所产生的绩效分配，往往备受诟病。

自动化绩效有两层含义：一是信息数据收集自动化。我到青岛红领集团走访，基层员工的工作数据全部是自动化收集。传送带会把要加工的布样自动化传送到每个岗位，每个布样上有一个电子卡片，记录要加工的内容信息。员工拿到布样后，在操作台的电脑显示屏上刷卡，查看操作指令，同时电脑会自动计时，加工完成后，员工再刷卡确认，电脑会计算工件、工时，乘上每个部件的工价，马上计算出加工工资。整个过程数据信息完全自动化，不需要人为操作，保证了数据信息的客观性、及时性、准确性。

二是评价操作自动化。比如销售目标达成率，月销售目标 500 万元，实际完成 600 万元，达成率是 120%，数据自动采集，公式自动计算，结果自动产出，不需要人为主观评价。

这两个自动化对企业激励太重要了，为什么呢？前面提到的 $c/(c+p)$ 和 ABC 法则，实际是站在老板员工双方，计算投入产出比。自动化激励是站在操作角度，计算操作成本和投入产出比。如果激励过于复杂，实施激励的成本超过激励收益时，管理就会变成经营的累赘。

比如，某钢铁物流企业对旗下业务模块进行自主经营体绩效模式，由于操作模式流程复杂，涉及的业务运营数据非常多，从提货单据、装车数据、回单数据、回款金额，到业务定价、营收计算、承运成本、费用分摊、资金利息等。为了详细界定各数据定义、数据来源、收集责任、数据审核、汇总计算等，又出台相应的制度和文件，再把这些数据归集到各业务经营体。而在业务实际运作过程中，又会出现更改提单、转换场地、承运变化、承运损坏等情况，数据整理归集更加复杂。公司为了收集整理数据，专门成立了运营管理部，同时匹配 IT 开发专门信息系统，而为了把工资奖金计算准确，又成立专项小组，财务部、人力资源部一同介入，但由于数据流没有打通，最终结果数据总是碰不齐、对不上，以至于每月给员工发放工资奖金经常出错。勉强实施了一年，在年度进行复盘和审计时，大家吃惊地发现：公司收入没有增长，但管理成本大幅上升，毛利和净利润双双下降，虽然员工拿钱多了，但由于总是算错账，员工满意度却大幅下降。在访谈相关的管理部门时，大家苦不堪言。这就是管理过于复杂，过度精细化导致的成本大大超过管理收益，使得管理不但没有促进经营，反而严重影响经营积极性。

四、HR：公平性

站在 HR（人力资源）角度，HR 最关心的问题是公平性。激励方案能够落地实施，并且各部门不会"上门找事"。最好的做法是一碗水端平，各方面都满意，当然这种情况少之又少；但至少可以做到平稳落地，不出意外。

公平性问题主要在两个方面：一是过程公平，又叫规则公平，这非常关键。按照《中华人民共和国劳动合同法》规定："用人单位在制定、修改或者决定有关劳动报酬、工作时间、休息休假、劳动安全卫生、保险福利、职工培训、劳动纪律以及劳动定额管理等直接涉及劳动者切身利益的规章制度或者重大事项时，应当经职工代表大会或者全体职工讨论，提出方案和意见，与工会或者职工代表平等协商确定。"动辄修改激励制度，没有依据法定流程，往往埋下纠纷隐患。

二是结果公平，也即价值公平。不患寡而患不均，把回报和贡献做比较，是人之常情。但这个世界上没有绝对的公平，很多人抱怨不公平，其实公平背后的实质就是三个字——"我满意"，即我满意就是公平，我不满意就是不公平。公平是相对的，如果能做到 70% ~ 80% 满意度，就已经很不错了。

第二章

员工激励组合化

从投资角度看，激励员工就好比炒一盘菜，要考虑在有限的资源投入下，如何把菜炒好，让吃的人满意，实现吃饱吃好的目的。

那么，要做到这些，首先，要明确场景，也就是目的，比如是家庭聚餐，还是请客酒席，还是一人独享。其次，根据吃饭的人数来决定菜的个数与分量，还要根据吃饭人的口味来决定炒什么样的菜，比如南方口味清淡，北方口味偏咸，四川要麻，湖南要辣。最后，要把菜炒好，还要用好素材和佐料，油盐酱醋比例要适当。基于这些特点，中国人的菜谱就变得种类繁多，五花八门。同样的素材，不同的做法，就衍生出了满汉全席、八大菜系等。

激励也应如此。激励是组织通过设计适当的外部奖酬形式和工作环境，以一定的行为规范和奖惩措施，借助信息沟通，来激发、引导、保持和规范组织成员的行为，以有效地实现组织及其个人目标的过程。从这个定义可以看出，激励是一套复杂的组合体系。

第一节 从单一激励到组合激励

企业可以选择的激励手段有很多，但在现实情况中，大多数企业激励的方式方法都很单一，只在钱上做文章；或者某一手段效果良好，就摁着这个方法牢牢不放。这就好比吃饭，某个菜好吃，就一直不停筷，结果自然是营养不良，对身体不是好事。

激励措施单一，有可能给企业的发展带来消极影响。

一、单一激励的三大痼疾

一是副作用。"是药三分毒"，药材都有一定的副作用，对员工使用的激励手段和方法也是如此。例如，基本工资由于其有固定性的特点，风险性较小，可以给予员工一定的稳定感，但基本工资过高，也会导致养懒人。而提成制可以有效实现员工"多劳多得，少劳少得，不劳不得"，但提成制使用不当，也会导致只看结果而看不到贡献。

让我们来看看下面的案例。

一家制造企业给销售部门制定了绩效考核方案，规定目标达成后的奖励方法：若完成 100%，按照销售额 2.5% 进行奖励；若达到 120%，按照销售额 4% 进行奖励；若达到 140%，则按照销售额 6% 进行奖励。结果，当年天气酷热无比，空调供不应求，年底业绩较上年翻了一番多。若按照年初制定的绩效考核方案计算，销售部奖金高达数百万元。到了年底，要不要发这个奖金？老板犯难了。如果兑现承诺，发放奖金，销售部非常开心，但其他部门就会心理失衡：都是一样工作，为什么销售部的奖金是自己的十几倍？而且销售量翻番，也不全是销售部的功劳，是天气帮了大忙。

在这个案例中，业绩是大于贡献的。但销售部的业绩增长，有很大一部分原因是天气帮了忙，不全是销售部的功劳。

第二年，公司准备大干快上，从而实现业绩再上涨。企业与销售部又签订了新一年的目标责任书。在去年基础上，业绩再增长 15%，同时对绩效奖金进行了局部调整。在动员会上，老板高歌一番梦想，销售部上下也是铆足干劲。但天有不测风云，这一年，天气变化异常，不像去年那样炎热，而是气候宜人，空调销售遭遇重大挫折，全年销售目标完成率不到40%。

又到年底绩效兑现时，到底是兑现还是不兑现？如果兑现年初的承诺，销售部由于没达成目标，甚至连保底目标也没完成，不但没有奖金，而且员工绩效工资也要减半发放，收入比上一年大减。销售部肯定不干。他们会这样想：去年销售业绩好，你说是天气原因，奖金减半发放，我们认了。今年销售业绩不好，你就把全部责任归于销售部，明显不公平。今年我们销售部非常努力，只不过天气不好，不能怪我们。

到底兑现不兑现？老板又犯难了。

在这种情况下，销售部业绩很糟糕，但销售部做出了很大的贡献，这时，贡献大于业绩。兑现原计划中的激励方案，会打击员工信心，使得员工产生消极情绪。

由此可见，在企业经营的过程中，实际情况千变万化，但如果激励措施过于单一，势必无法适应客观环境的变化与企业经营的实际发展。

二是药效期。药材的第二个特点是有药效期，药效期内作用显著，但过了药效期，作用开始减弱，最终归零。例如，某企业为了提高员工积极性，给所有员工涨工资10%，前三个月大家积极性很高，但三个月一过，效果开始减弱，到六个月时作用基本归零。老板很纳闷，花了一大笔费用给员工涨工资，为什么最终结局是跟以前差不多呢？其实这就是药效期过了。

基于二十余年的绩效辅导实践，我初步梳理了各种激励手段的药效期，以下数据可供参考。

◎ 涨工资：一般在3～4个月，且要看涨薪幅度的大小。

◎ 发奖金：一般在1～3个月，且要看奖金数额大小。

◎ 晋升：一般在3～6个月，且要看时机是否符合员工心理预期。

◎ 处罚：0～6个月（或更长），要看处罚力度。

◎ 股权激励：剔除锁定功能，从激励性角度看，股权激励不可能激励一辈子。

三是耐药性。比如经常注射抗生素，会带来一个严重的问题，那就是耐药性。药量不够，效果等于零。激励手段的使用也一样，有一个度的问题，同时长期使用一种手段，也会产生耐药性，即对药的敏感度下降。

二、组合激励的三大缘由

1. 激励目的多样化

好的激励好比自助餐，花样繁多，种类丰富，各色人等，各取所需。看似搭配满汉全席，纷繁复杂，实际上有规律可循。首先，看场景，看目的。其次，看人员，看需求。有些人想吃饱，有些人想吃好；有些人想吃荤，有些人要吃素减肥。再次，看手段，看菜品。

在课堂上，经常有学员问我这样的问题：

"老师，我想给员工做股权激励，应该怎么做比较好？"

"财务部应该怎么考核？"

"高管应该怎样激励？"

"应该怎么发年终奖金？"

……

每当碰到这样的问题，我的回答始终是：

"你做股权激励的目的是什么？"

"你考核财务部的目的是什么？"

"你给高管层激励的目的是什么？"

"你发年终奖的目的是什么？"

……

学员一听，马上回答："当然是提高员工积极性了。"

"那么，你提高员工积极性的目的是什么呢？"

听到这儿，绝大多数学员陷入了沉思。

请不要认为我在玩文字游戏。我的意思是，激励是手段，人是核心，提高员工积极性，实现我们所期望的行为和目标才是最核心的目的。且看历史上的各种激励措施。

秦孝公为强盛秦国，独霸天下，遂出台招募天下英才的《招贤令》：

秦公嬴渠梁告天下之士——秦自穆公称霸，国势有成，大业有望。然，其后诸君不贤，历公、躁公、简公、出子四世政昏、内乱频出，外患交迫，河西尽失，函关易手，秦始由大国而僻处一隅。其后献公即位欲图振兴，连年苦战，饮恨身亡。当此之时，国弱民穷。列国卑秦，不与会盟，且欲分秦灭秦而后快。国耻族恨，莫大于此。本公继位，常思国耻，悲痛于心，今——嬴渠梁明告天下：但有能出长策、奇计而使秦国恢复穆公霸业者，居高官，领国政，与本公共治秦国、分享秦国！

商鞅徙木立信，激励守信，一言为重百金轻。

商鞅在开始推行新法前，为了取信于民，派人在城中竖立一木，并告知："谁人能将之搬到城门，便赏赐十金。"秦民无人敢信，后加至五十金，于是有人扛起木头搬到城门，果然获赏五十金。自此标志着商鞅与孝公开始变法，史称"徙木立信"，后人称之为"一言为重百金轻"。

另外，中国历史上的项羽破釜沉舟，激励将士置之死地而后生，最终赢得了巨鹿之战的胜利。每一位成就大业的人都有着各自不同的激励模式，但千差万别的模式背后有着共通的原因，具体可区分为以下几种。

（1）场景多元化

华为当年要开拓海外市场，首先面临的就是工作场景多元化问题。在非洲工作与在欧洲工作不一样，在美洲工作与在中东工作也不一样。不同的地域场景，不同的文化风俗，不同的人文习惯，工作开展的方式有着巨大的不同。

与以往相比，今天企业所面临的场景多元化问题更为普遍。究其原因，一是世界经济一体化带来的全球流动加速。不同人群交叉融合，不同场景交互共生，对管理及员工激励也带来不同的挑战；二是技术高速发展带来的工作模式变化，无纸化办公，自动化流程，人工智能的大量运用，让工作场景更为多变；三是企业间的兼并收购整合加速，业务重整带来的流程优化，岗位间的边界被打破，岗位被重新切割划分，岗位价值也将被重新定义。

麦肯锡公司在《自动化和人工智能如何重塑财务职能》中提出，由于自动化和人工智能技术的引入，未来财务自动化程度将高达 50% 以上。其中，一般会计活动、现金支出、营收管理、财务控制等，自动化程度将高达 80% 以上（见图 2.1）。

自 2017 年德勤公司开发出财务机器人以来，财务领域商用的机器人技术重在模仿人类的财务操作和判断，同时在业务收入预测、风险控制和管理、反舞弊分析、税务优化等方面也有很大的应用空间。使用机器人自动化技术来代替人类完成这些重复性的劳动，将进一步解放人类的生产力，将人类工作中的机械属性剥离出来，使人类完成更多具有创造性、挑战性、战略性等需要用心用脑的工作，获取更大的价值提升。一个机器人进程的处理速度往往是人类员工最快速度的 15 倍以上，而且它可以 7×24 小时不间断地工作，有接近 80% 的基于规则的流程可以被其代替，这使它成为一个超级员工。

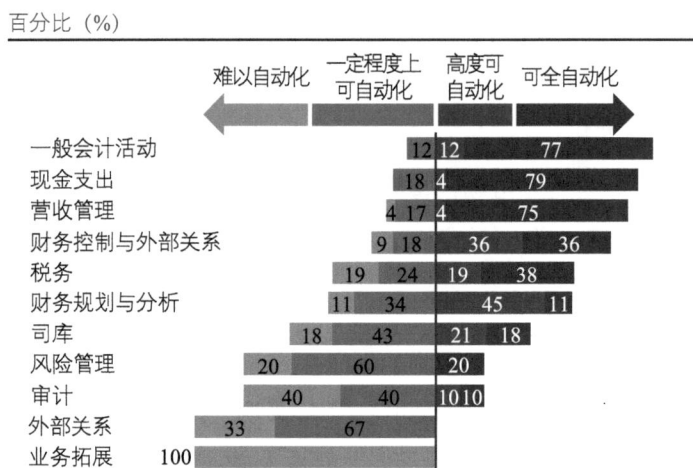

百分比（%）

难以自动化　一定程度上　高度可　可全自动化
　　　　　　可自动化　自动化

财务活动	难以自动化	一定程度上可自动化	高度可自动化	可全自动化
一般会计活动		12	12	77
现金支出		18	4	79
营收管理	4	17	4	75
财务控制与外部关系	9	18	36	36
税务	19	24	19	38
财务规划与分析	11	34	45	11
司库	18	43	21	18
风险管理	20	60	20	
审计	40	40	10	10
外部关系	33	67		
业务拓展	100			

图 2.1　可自动化的财务活动

场景变了，激励的行为和目的也变了。原来是激励人手，提高效率。现在机器取代人工，激励的是人脑。激励要引发的行为是人机协同、人工智能、实现更多开创性工作。

（2）目标多元化

基于场景多元化，激励目的和目标也会多元化。

一是短期攻坚与长期作战的区分。从时间上划分，短期攻坚可以采取一次性激励，而长期作战就要考虑系统化激励。好比很多企业招聘，把短期阶段性工作，变成了长期工作。比如某次临时性工作项目，要找一个懂行的人，结果项目结束以后，这个岗位还长期保留着。

二是一点突破与全局平衡。"双 11"这一天，为了鼓励电商部门冲刺业绩，可能采取单点突破式激励。但到了年终，就要考虑对整个企业的全局性激励。因为中国人对"年"有一份特别的期待。如果年度内未能全盘考虑，极有可能导致人才批量流失。

三是论功行赏与导向未来。激励是为了论功行赏还是为了引导未来？这个中间有明显的差别。比如某企业实行股权激励，关注点是要更多地放在老员工的股权激励分配上，还是要同期考虑未来要吸引更多能人加盟？或者要在两者间取得平衡？这是要提前考虑的重要问题。

2. 员工价值多元化

"不是我不明白，是这个世界变化太快。"相信你我对这句话的理解，都很深刻。今天的世界，变得比以前越来越让人"不明白"！

随着"互联网＋"时代的来临，经济发展迅速，物质生活水平日渐提高，年青一代的大部分已经不再有对物质的渴求，单纯的薪酬激励并不足以吸引他们。再加上社会生活变得丰富多彩，新的工作理念和方式层出不穷，更是对年轻人造成了巨大的冲击。以互联网的"移民"80后、"原住民"90后为代表，他们接受信息的渠道更多、更广，有着自己的价值判断体系，更追求个性的表达、自我价值的实现，就业时也往往以兴趣为导向。企业实施激励手段，就必须考虑这些多样化的员工群体，以及他们多样化的价值需求。

（1）群体多元化

随着国家退休年龄的延迟，在企业里就职的员工，有60后、70后、80后、90后、00后，再过几年10后都可能占有一定的比例。不同性质的企业，其从业员工年龄群体可能完全不同（见图2.2），基于这个特点，激励也会千差万别。

我在辅导不同类型企业的激励机制设计时，会着重其员工结构。对于我辅导过的一家传统国企来说，60后、70后占据多数（56%），80后占到1/3（34%），90后、00后较少（10%），是典型的老中青结合，以老中为主，因此，这家企业的激励模式中规中矩。而对于我辅导过的另一家互联网企业来说，80后领导年轻有为，90后占到大多数（35%），00后比重也越来越大，相应地，激励就要采取创新模式。

所以，对你的企业而言，不同群体比例是多少？应该以谁为主呢？

企业类型	60后	70后	80后	90后	00后
某传统国企	20%	36%	34%	9%	1%
某互联网企业	0%	0	35%	55%	10%
某外资企业	5%	35%	30%	30%	0%
你的企业？					

图 2.2 不同企业的员工结构

（2）需求多元化

按照马斯洛需求层次理论，人的需求依次由较低层次到较高层次排列可以分为 5 种：生理需求（physiological needs）、安全需求（safety needs）、爱和归属感（love and belonging）需求、尊重（esteem）需求和自我实现（self-actualization）需求（见图 2.3）。

图 2.3 马斯洛需求层次理论

第一层次——生理需求，包括呼吸、水、食物、睡眠、生理平衡、分泌、性等。

在马斯洛看来，如果这些需要（除性以外）的任何一项得不到满足，人类个人的生理机能就无法正常运转。换言之，人类的生命就会因此受到威胁。在这个意义上说，生理需要是推动人们行动的最首要的动力。马斯洛认为，只有这些最基本的需要满足到足以维持生存所必需的程度后，其他的需要才能成为新的激励因素。而到此时，这些已相对满足的需要，也就不再成为激励因素了。

第二层次——安全需求，包括人身安全、健康保障、资源所有性、财产所有性、道德保障、工作职位保障、家庭安全等。

马斯洛认为，整个有机体是一个追求安全的机制，人的感受器官、效应器官、智能和其他能量主要是寻求安全的工具，甚至可以把科学和人生观都看成满足安全需要的一部分。当然，当这种需要一旦获得相对满足后，也就不再成为激励因素了。

第三层次——爱和归属感需求，即情感需求，包括友情、爱情、性亲密等。人人都希望得到相互的关系和照顾。感情上的需要比生理上的需要更细致，它和一个人的生理特性、经历、教育和宗教信仰都有关系。

第四层次——尊重需求，包括自我尊重、信心、成就、对他人尊重、被他人尊重等。

尊重又可分为内部尊重和外部尊重。内部尊重是指一个人希望在各种不同情境中有实力，能胜任，充满信心，能独立自主。总之，内部尊重就是人的自尊。外部尊重是指一个人希望有地位，有威信，受到别人的尊重、信赖和高度评价。马斯洛认为，尊重需要得到满足，能使人对自己充满信心，对社会满怀热情，体验到自己活着的用处和价值。

第五层次——自我实现需求，指实现个人理想、抱负，发挥个人的能力到最高程度，达到自我实现境界的人，接受自己也接受他人，解决问题能力增强，自觉性提高，善于独立处事，要求不受打扰地独处，完成与自己的能力相称的一切事情的需要。也就是说，人必须干称职的工作，这样才会使他们感到最大的快乐。马斯洛提出，自我实现的需要是指努力实现自己的潜力，使自己越来越接近自己所期望的人物。为满足自我实现需要所采取的途径是因人而异的。

从马斯洛的理论看来，人的需求是多种多样的，而且有一个从低到高的发展过程。因此，针对有不同需求的员工，在进行激励的时候，能区分清楚其需求属于哪一层次，就是一个很关键的因素了。

从现代企业员工结构及其需求看，马斯洛需求层次在各个阶段都存在。马斯洛需求层次，在企业的分布可以转换成图 2.4。可以看到，这些需求在企业中是叠加存在的，不同的需求，也要求有不同激励与之相对应。

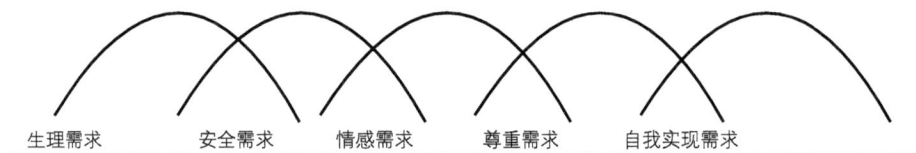

生理需求　　安全需求　　情感需求　　尊重需求　　自我实现需求

图 2.4　横向叠加的需求

（3）理念多元化

2018 年毕业的学生已经普遍是 95 后了。一份对毕业生就业去向的调查报告显示，有 52% 的 95 后选择在找工作的道路上奋战到底，但让人颇为意外的是，有 48% 的 95 后走上了"不就业"的道路。而这些选择"不就业"的学生，其毕业去向可谓五花八门：学习深造，创业，当网红上直播，甚至还有回家结婚生子等。总之，毕业生在毕业去向选择上已呈现出多元化、网络化、娱乐化三大新的趋势。

作为伴随互联网发展而成长起来的一代人，95 后非常敢于尝试由互联网所催生的各种新鲜职业。在如今人人都能当主播的年代，95 后分分钟拿起手机做网红。报告还显示，在 95 后最向往的新兴职业排行榜中，绝大多数人选择了主播，其次为网红、声优（配音演员）、化妆师、coser（进行角色扮演的人）等。

在 95 后毕业生的眼中，"条条大路通罗马"，新的经济环境催生了新的就业资源与方式，人们的就业选择也更为灵活，对于工作的态度和理念也发生了巨大的变化。世界那么大，大家都想去看看。员工的流动性越来越大，年轻人对企业的忠诚度也持续下降，总有人一言不合就跳槽，跳槽的理由也是多种多样的。

1995 年出生的张斌，去年大学本科毕业，到现在一年多的时间，已经换了 3 份工作。张斌自己总结，离职最重要的原因不是对薪资待遇不满意，而是觉得公司氛围不好，或者和同事相处不融洽。在他看来，工资多少无所谓，只要能养活自己就行了。但是每天花费时间最多的事情是上班，要是干得不开心，那就太委屈自己了。

张斌的第一份工作是在一家小互联网公司做文案策划。"太辛苦了，说是做文案，还不如说是打杂更为贴切。实习期间只有基本工资，加班没有加班费。关键是一到公司发福利时，实习生就被排除在外，那种感觉你懂的。"

7 月入职，为了和女朋友国庆节期间一起去新疆旅行，9 月里张斌足足准备了两个星期，光旅行攻略就有十多页，机票酒店都订好了。但就在国庆节的前一天，老板突然宣布国庆放假期间全体加班。张斌二话没说，第二天交了辞职信就离职了。

"你没有安排，别人还有计划呢。"张斌受不了领导的"专横"。

从新疆回来后，他通过社会招聘，应聘到一家广告公司，岗位仍然是文案策划。"当时觉得这工作应该不错，我自己本来就喜欢设计一些东西，试想一下如果每天下班后能在城市的每一个角落看到自己设计的作品，那感觉得有多棒。"可实际工作内容和他想象的工作内容完全不一样。除了偶尔设计一下大型活动的背景喷绘，张斌做的最多的就是设计名片、菜单或者各种小传单。

两个月后，他又不想干了，"这哪是设计公司啊，说白了就一复印店，完全不是我想要的。"辞职在家休息到今年春节后，张斌才再度上班，这回是在一家影视公司里做文案。相比前面两份工作，张斌认为第三份工作比较靠谱。让他很满意的是这家影视公司的平台非常好，能学到一些东西。

可见，在人才追求更加多元化的今天，管理者尤其需要重视吸引、激励人才，让大学生不仅"进得来"，更应该让他们"愿意留"。

3. 激励手段多类化

大家都知道，在武学中，刀、枪、剑、叉、戟，各有各的用途：长距离攻击，适合用弓箭；短距离格斗，适合用刀枪。

实际上，激励员工的各种手段，也是如此。

◎ 固定工资——对岗位及能力的激励。

◎ 绩效工资——对工作业绩的激励。

◎ 专项奖金——对某项工作的个别激励。

◎ 养老、医疗福利——对员工身心健康的补充激励。

◎ 荣誉——对员工"面子"的激励。

◎ 股权——用稀缺资源对企业生命共同体的激励。

◎ 培训——对人才能力提升的激励。

◎ 晋升——对员工发展的激励。

不仅如此，我们还知道，人是不同的。不同的员工，有着各种各样的需求。仅仅按照年龄结构来区分，老年人、中年人和青年人，其需求都是各不相同的。例如，老年员工希望公司给予多一点的养老和医疗福利，但对于刚参加工作的年轻人而言，考虑养老和医疗福利还遥远着呢，不如多拿点现金在手。

因此，在员工激励上，就应该针对不同的人，采取不同的激励措施（见图2.5）。

如若再加上激励目的不同，排列组合一下，将会有多少种组合模式呢？

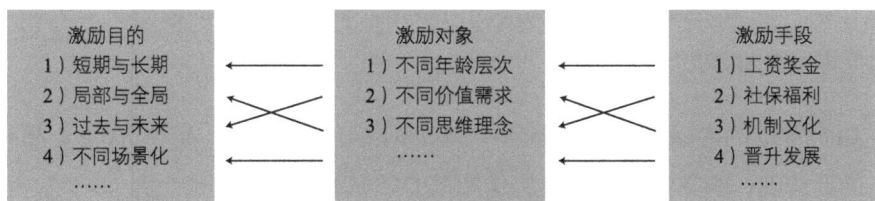

激励目的	激励对象	激励手段
1）短期与长期	1）不同年龄层次	1）工资奖金
2）局部与全局	2）不同价值需求	2）社保福利
3）过去与未来	3）不同思维理念	3）机制文化
4）不同场景化	……	4）晋升发展
……		……

图 2.5　激励的组合模式

如果目的有 10 种，对象有 10 种，手段有 10 种，会衍生出 1 000 种激励模式。那么，到底该如何激励呢？这是值得每一个企业深思的问题。

第二节　组合激励模型

人活一世，追求的无外乎是物质和精神双富足。世间所有的激励，都应围绕这两方面展开。在物质方面，如司马迁所言："天下熙熙，皆为利来；天下攘攘，皆为利往。"从吃饱穿暖，到功名利禄，物质的富足是芸芸众生的切身诉求。

另外，人不同于动物的根本特征就在于人有精神层面的追求，"我是谁？我从哪里来？我到哪里去？"这些对人生哲学的思考，昭示的是我们内心世界的精神诉求。如同国学大师南怀瑾所言："三千年读史，不外功名利禄；九万里悟道，终归诗酒田园！"

所谓组合激励，是包含"物质、精神"两个层面的多层次、多类别、多样化的激励系统。精神是内在激励，无形层面的内动力系统。物质是外在激励，有形层面的外动力系统！

一、阴阳平衡组合激励

一阴一阳谓之道。世间万物，任何事情，都强调阴阳平衡。阴阳失调，就会出问题。企业激励也是如此。

组合激励的内核包括两大部分：物质激励与精神激励（见图 2.6）。精神是内在的灵与魂，表象为文化；物质是外在的名与利，表象为机制。

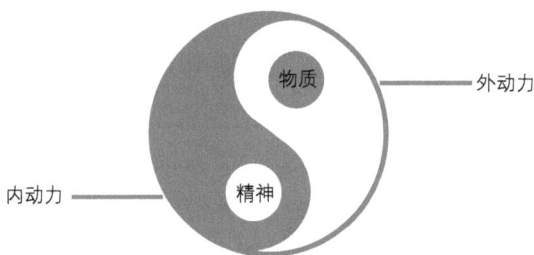

图 2.6 激励的两大内核

（1）精神激励：内在激励系统

精神激励是一种源自内在的激励系统，其作用最为重要。公元 628 年，大唐玄奘法师离开长安，前往西天拜佛取经。他以不畏生死的精神，前后 17 年，历经千辛万苦，终于取得真经。玄奘法师取经，绝对不是为了升官发财或者其他个人利益，而是源自其内心深处的一种信念和追求！这种超强的内动力，促使玄奘法师历尽千辛而不改其志，面临生死而不改初心。

（2）物质激励：外在激励系统

物质激励是外在的动力系统，表象为机制。机制的核心是：票子、位子、面子。

◎ 票子，即员工在企业里如何赚钱，具体可分为基本工资、绩效奖金、股权激励等内容。

◎ 位子，即员工在企业里如何发展，具体可分为：纵向发展——晋级晋升，横向发展——调岗换岗等内容。

◎ 面子，即员工在企业获得赞誉或负向激励，具体可分为：正向激励——
荣誉，负向激励——电网等内容。

（3）物质激励与精神激励，缺一不可

要激励员工，物质与精神，两者缺一不可。只强调机制，不强调文化，就
会导致金钱至上的唯利主义。

华为总裁任正非在发表于1997年的《抓住机遇，调整机制，迎接
挑战》一文中，做了发人深省的阐述：

"人是受动机驱使的，如果完全利用这个动机去驱使他，就会把
人变得斤斤计较，相互之间没有团结协作。那么，文化的作用就是在
物质利益的基础上，使他超越基本的生理需求，去追求更高层次的需
要，把他的潜能充分调动起来。而在这种追求过程中，他与人合作，
赢得别人的尊重、承认，这些需求就构成了整个团队运作的基础。"

"下一个时代是群体奋斗、群体成功的时代，这个群体要有良好
的心理素质。别人干得好，我为他高兴；他干得不好，我们帮帮他，
这就是群体意识，也是群狼战术。企业就是要发展一批狼，狼有三大
特性：一是敏锐的嗅觉，二是不屈不挠、奋不顾身的进攻精神，三是
群体奋斗。"

正是在这样一种"胜则举杯相庆，败则拼死相救"的集体文化的
鼓舞和感召下，华为的员工才迸发出无比巨大的内在驱动力，推动着
自己自动自发地实现各自的目标。

同样，只强调文化，不强调机制；只让员工奉献，不强调付出后的回报；
只用道德标准去要求员工，而不去考虑员工的基本诉求。最终，也会因违背人性，
走向衰亡。例如，拾金不昧是一种美德，但是如果以此道标准要求所有的人，人
们就可能不愿意做好事。在《吕氏春秋·察微篇》里，有一篇故事。

鲁国之法，鲁人为人臣妾于诸侯，有能赎之者，取其金于府。子贡赎鲁人于诸侯，来而让，不取其金。孔子曰："赐失之矣。自今以往，鲁人不赎人矣。取其金则无损于行，不取其金则不复赎人矣。"子路拯溺者，其人拜之以牛，子路受之。孔子曰："鲁人必拯溺者矣。"孔子见之以细，观化远也。

翻译成现代文：鲁国有一条法律，鲁国人在国外沦为奴隶，如果有人能把他们赎出来的，回国后就可以到国库中报销赎金。有一次，孔子的弟子子贡（端木赐）在国外赎回了一个鲁国人，回国后不接受国家补偿金。孔子说："你做错了，从今以后，鲁国人就不再愿意为在外的同胞赎身了。你如果接受了国家的补偿金，并不会损害你的行为；而你不肯拿回你抵付的钱，别人就不肯再赎人了。"又有一次，孔子的另一个弟子子路救起一名落水者，那人为了感谢他就送了他一头牛，子路收下了。孔子说："这下子鲁国人一定会勇于救落水者了。"夫子见微知著，洞察人情，实在是了不起。

"子贡赎人"是用自己的钱做了一件好事，本应该被树为道德典范，夫子为何反而要批评他？子贡的错误在于把原本人人都能达到的道德标准拔到了大多数人难以企及的高度。这样使很多人对赎人望而却步。违反常情、悖逆人情的道德是世上最邪恶的东西。把道德的标准无限拔高，或者把个人的私德当作公德，两种做法只会得到一个结果，这就是让道德尴尬，让普通民众闻道德而色变，进而远道德而去！

二、文化温暖人心，机制驱动人性

在辅导企业的过程中，我经常发现这样一种现象：两家企业规模、结构、业务类型都相似，我们出的机制方案大体上也类似，这家企业就用得特别好，到另一家企业却几乎没有起到什么作用。

比如我曾经辅导的同地区、同规模的两家医药连锁企业，采用了同样的机制，激励效果截然不同。A 企业的大部分店长带领员工想出各种办法提升业绩，所有门店都达成了目标，其中有 20% 的门店同期增长 50% 以上，创造了历史新高。而 B 企业大部分店长基本没什么动作，有的甚至上班时间偷懒办私事，最终只有不到一半的门店达成了目标，有 10% 的门店甚至出现了业绩下滑。

为什么同样的机制，在同地区、同规模、同行业的企业应用，结果却截然不同呢？

我观察到 A 企业的老板平时激励比较少，崇尚文化引导人，与员工打成一片，稍微一点点的激励，就像星星之火，员工全力冲刺。而 B 企业的老板平时崇尚只要钱能解决的问题就不是问题，曾经为了市场扩张，实施承包制，由于公司选的地理位置好，这些店长即使什么都不做，每个月也可以拿到 2 万～3 万元的分红。试想一下，在一个三四线城市，一个 30～40 岁的女性每月不怎么辛苦，可以拿到 2 万～3 万元，她还想努力工作吗？由此可见，企业缺失文化，导致员工躺在功劳簿上。所以，企业激励员工应该物质文化相结合。

企业一般有 4 种类型：强机制强文化型、强机制弱文化型、弱机制强文化型和弱机制弱文化型。

（1）强机制强文化

这一类的典型企业有华为、海尔、阿里巴巴等。

比如阿里巴巴的中供铁军。一方面，为了激励员工突破业绩增长，启动"百团大战"，把每年的 3 月、6 月、9 月、12 月定为中供的大战月份。大区与大区，主管与主管，个人与个人之间轮番各种比拼。同时采取强电网与淘汰机制，业绩持续不达标的，该淘汰坚决淘汰。做得好的，享受高额的绩效收入，备感荣耀。另一方面，阿里又特别强调价值观与文化引导，出台价值观"六脉神剑"——"客户第一、团队合作、拥抱变化、诚信、激情、敬业"，而且在考核中，价值观与业绩的比例各占 50%。这些价值观考核不是贴在墙上的口号，而是真正贯彻在行为当中。曾经在 B2B 公司的"中国供应商"签约客户中，有部分客户存在欺诈行为，而这种欺诈居然是阿里一些员工默许甚至参与协助的。最终处理结果是：对全部 2 326 家涉嫌欺诈的"中国供应商"客户全部做关闭处理，并提交司法机关配合调查；对涉事的近百名阿里员工严肃处理，追踪领导者责任，B2B 的多位高层包括 CEO、COO、人事副总裁等引咎辞职。

（2）强机制弱文化

这一类的典型企业以安然公司为例。

安然公司曾经是世界上最大的能源、商品和服务公司之一，名列《财富》杂志"美国 500 强"的第七名，然而，2001 年 12 月 2 日，安然公司的负债高达 130 多亿美元，其突然向纽约破产法院申请破产保护，使该案成为美国历史上第二大破产案。

有关部门深入调查发现，安然的高层对于公司运营中出现的问题非常了解，但长期以来熟视无睹甚至有意隐瞒，包括首席执行官斯基林在内的许多董事会成员一方面鼓吹股价还将继续上升，另一方面却在秘密抛售公司股票。而公司的 14 名监事会成员有 7 名与安然关系特殊：要么正在与安然进行交易，要么供职于安然支持的非营利机构，对安然的种种劣迹睁一只眼闭一只眼。安然的机制设计，用一句话解读就是：高盈利换取高报酬、高奖金、高回扣、高期权。诚信、道德、正义的价值观和企业文化却荡然无存。

过于强调机制，忽视文化尤其是正向价值观的引导，往往会导致"利益熏心，唯利是图"。

（3）弱机制强文化

我曾经辅导过一家知名的快销食品公司，该公司地处齐鲁大地的孔孟之乡，董事长特别强调公司文化的重要性。每年会组织全员集中学习孔孟之道，时间长达 20 天。学习之后进行考试，考试不合格者补考，补考不过不能上岗。这家公司有深厚的人文氛围，但我在对它进行绩效调研时发现，员工动力不够，不是比谁发展得快，而是比谁发展得稳，不出问题。

记得在某一年的 11 月，我调研了它在 7 个省份的 27 家 KA 门店后发现，货架上都卖断货了，也没有看到这家公司的导购。到分公司时，各分公司经理跟我坐下来喝茶聊天，不急不慢。我很好奇，但他们告诉我："江老师，我们今年的任务完成了。" 这是实话。"今年任务完成了，但还有一个月啊，为什么不利用最后这一个月，大力冲刺一把，挑战高业绩？" "您不知道，我们今年达成目标，再多做也没什么用，还不如留点余量到明年，这样明年任务完成就轻松点。"

怎么会这样呢？经过进一步了解，我发现该公司的绩效机制是每年定销售目标，按目标达成率发奖金，130% 封顶。也就是说，当年目标 1 亿元，如果达到 1.3 亿元，绩效奖金就封顶。即使做到 1.5 亿元，奖金也不会多发。

原来如此！这就是问题所在。这也从反面论证了一句话：文化让企业走得长久，机制让企业走得更快！

（4）弱机制弱文化

这种现象在中小民营企业中特别普遍。为了生存也基于成本考虑，打仗亲兄弟上阵父子兵，七大姑八大姨都在公司里帮衬着。当规模非常小人不多时，靠亲情关系维系，所谓的机制就是老板自己权衡一下，年底大家分一分。

但当企业规模做起来后，机制和文化不足的弱点就通通暴露出来了。没有机制，也不知道如何构建机制，想做出差异区分又怕做不到公平公正，不区分打统账又会导致大锅饭，于是，互相攀比、抱怨指责都会出现。没有文化，靠亲情好像又无法支撑企业快速健康发展，毕竟大量外来人员会进入企业，公司规范化建设、职业化管理、正规化运营势在必行。此时，真是业务发展前途无量，机制文化建设百废待新啊！

想要解决企业存在的以上问题，需要理解这句话：机制让企业走得快，文化让企业走得远。没有机制，效率提高不了；没有文化和信仰，要长久地走下去也很难。

三、成功企业是强文化、强机制组合

史玉柱在谈到经营企业的经验时，谈到这样一个观点：任何制度都可以钻空子，尤其在中国，中国人能量非常大，非常聪明，所以只有用文化的一些建设去作为补充，这样管理才是健全的，公司氛围才是健康的。

在谈到公司具体的文化时，史玉柱谈到三点：第一是只认功劳不认苦劳。苦劳对一个企业是没有任何贡献的，它不会带来任何利润。但是在中国的文化里面就经常说，没有功劳还有苦劳。所以企业要明确把这句话提出来，把它灌输下去，大家一旦认可之后，企业的效率自然会提高。第二是做不到不要说，说了一定要做到。中国人的陋习是喜欢拍胸脯、说大话，尤其是下级对上级说大话，也有上级对下级说大话。在这样的氛围下，企业上下级之久就没有信任。第三是艰苦奋斗。在公司里工作，一定要艰苦奋斗，没有奋斗精神，一切又将重新归零。

真正成功的企业，一定是建立在强文化与强机制组合的基础之上的！

第三节 七大组合激励及运用

开门七件事：柴米油盐酱醋茶。这是中国人居家生活经常谈到的七样必需品。并不是其他物品不重要，而是在老百姓的日常生活里，这七样是最为频繁出现的。

在人体中，也有一些不可缺少的微量元素，这里并非指缺少就会危及生命而无法生存，而是指缺少会引起机体生理功能及结构的异常，导致疾病发生。目前公认的必需的微量元素有：铁（Fe）、铜（Cu）、锌（Zn）、钴（Co）、钼（Mo）、锰（Mn）、钒（V）、锡（Sn）、硅（Si）、硒（Se）、碘（I）、氟（F）、镍（Ni）13种。

在研究企业激励手段和方式时，我发现也有7种方式不可或缺，它们分别是：企业文化、基本工资、绩效工资、PK机制、股权激励、职业发展、奖罚荣辱。跟人体所必需的微量元素一样，这些不可或缺因素的缺失，并不一定危及企业生存，但会导致企业经营和管理的功能异常，导致问题频发。

从组合激励中的阴阳平衡角度来看，这7种激励方式归类如图2.7所示。

类　别	细　分	激励方式
内动力——精神（文化）	文化	企业文化
外动力——物质（机制）	票子	基本工资 绩效工资 PK机制 股权激励
	面子	奖罚荣辱
	位子	职业发展

图 2.7　七种激励方式

一、七大组合激励

7种激励方式，缺一不可。

（1）企业文化绩效化

没有文化，只用物质激励，企业会走入"唯利是图" 人心浮躁的境地。但企业到底要构建什么样的企业文化？是爱心文化吗？是家文化吗？是执行文化吗？是学习文化吗？那些优秀乃至成功的企业是怎么做的？我经过研究发现，成功企业的文化都致力于打造一种具备竞争力的高绩效文化，具体内容将在本书第三章"企业文化绩效化"中为你解读。

（2）基本工资浮动化

企业不给员工设定基本工资，将会面临法律风险。但对于大多数企业而言，基本工资固定化，变成了高沉没成本。基本工资支付比例过高，无法产生相应的激励效果。具体如何做，我将在第四章"基本工资浮动化设计"中为你解读，告诉你如何把基本工资用活，激活广大基层员工。

（3）绩效工资差异化

绩效工资最大的可悲是流于形式化。主要是两个原因：一是绩效工资占比低；二是相互间绩效差距小，绩效工资没有激活员工。我将在第五章"绩效工资差异化设计"里为你解读，告诉你如何激发员工潜能，最大化员工绩效产出。

（4）PK 机制常态化

人生无处不 PK，生命竞争就是一场 PK。优秀的企业善于调动和激活团队，其中一个最为有效的手段就是 PK。销售要 PK，生产要 PK，采购要 PK，财务要 PK，人力要 PK。第六章将会对企业内部的 PK 进行重新定义，把 PK 机制常态化，从而最大化调动士气，激活员工。

（5）股权激励分步化

跟打牌类似，如果把基本工资比成是数字 3 ~ 10，绩效工资是 J ~ K，PK 机制是 A，那么股权就是大小王，是王炸。股权激励作用巨大，做好了是核能，做不好就变成了核弹。相对于其他激励资源来说，股权激励资源最为稀缺。分步化实施，且与绩效挂钩，会最大化激励骨干队伍。本书第七章将为你讲述股权激励绩效化的内容。

（6）职业发展透明化

除了追求当下的物质激励，人们还希望在企业里有好的发展和未来。职业发展透明化对员工将是一种莫大的激励。本书第八章将为你解读职业发展透明化，从标准透明、操作透明等角度，讲述位子对员工的激励。

（7）奖罚激励荣辱化

奖罚做得好，激励一个人带动千千万；奖励做不好，激励一个人打击一大片。本书第九章将为您解读奖罚激励操作的两大模式，奖出荣誉感，罚出责任心。为企业规范奖罚体系，实施正确的奖罚操作提供参考。

二、组合激励的运用

从投资角度看，组合激励就是以"最合理的资源配置，激励最恰当的人，实现最大化的产出"。通过比较成功与失败企业的差距，我们发现，激励组合在三个维度有不同的表现和差异。

首先，在激励理念上，成功企业与一般企业有巨大的不同。

一般企业，走的是"保守和平衡路线"，激励拉不开差距，也不敢拉开差距。对这些企业来说，你好我好大家好是最完美的结局，谁也不愿意来打破平衡，也不敢来打破平衡。但对于成功企业而言，激励是一种资源投入，把有限资源花在最关键的地方，就如同把好钢用在刀刃上，激励就是为了提高效率，拉开差距，鼓励能者多劳，多劳多得，鼓励一部分人先富起来。

其次，在激励手段上，一般企业手段单一，更多是单一的物质激励，尤其是在票子上做文章，但成功企业更强调多样化组合激励。

比如华为公司的组合激励，就是从三个方面进行：分权、分利、分名。首先是分权，华为有很好的分权机制，任正非特别强调授权，要求一线听得见炮声的人来指挥作战，将指挥所建在听得见炮声的地方。华为分权激励机制表现最彻底的就是华为的轮值 CEO 制度，这在世界范围内是一个独创。其次是分利，华为的做法非常多元化，包括它的宽带薪酬、奖金、虚拟饱和配股、TUP 期权激励、各种专项奖方案等，都充分体现了华为在分利方面所做出的努力，这些做法对中国企业非常具有借鉴意义。再次是分名，各种基于荣誉的或者名誉的激励，包括蓝血十杰、明日之星或者各种首席专家的头衔等，其本质都是"分名"。

最后，在激励的出发点上，成功企业更多是以战略为导向，以功劳价值为核心，以激励助推企业变革为目的。而一般企业则以公平为导向，以苦劳疲劳为核心，以维持现有利益格局不造就矛盾为目的（见图2.8）。

一般的企业	成功的企业
保守、平衡——拉不开差距	激励、效率——拉开差距
单一的物质激励	多样化组合激励
苦劳疲劳为核心	功劳价值为核心
以公平为导向	以战略为导向
不敢打破利益格局	激励助推企业变革

图 2.8 不同企业组合激励的差异

卞志汉（广州众恩投资有限公司创始人）把华为公司的机制总结为一句话：以战略为导向，基于价值贡献，以奋斗者为本的多元化激励机制。第一，任正非特别重视战略牵引。在资源上投放高度聚焦战略，在利益分配上倾向于战略贡献，例如，聚焦于主航道的市场份额、大客户、格局项目、"山头"项目、未来业务等。而这些战略贡献，往往当期并不能产生直接的经济贡献，因而无法通过获取分享制进行激励，但是它对公司持续发展的战略意义特别重大，所以往往会为其设置单独的激励机制，主要包括：干部的晋升、配股、专项奖等，以此进行重点激励。第二，华为特别强调价值创造。华为在《基本法》第16条明确规定：劳动、知识、企业家和资本创造公司的全部价值。华为的奋斗者工程就是基于价值创造、价值评价和价值分配的闭环来打造"以客户为中心——不与客户争利，以奋斗者为本——不让奋斗者吃亏"的奋斗者文化。第三，激励助推企业变革。不是让员工躺在功劳簿上睡觉，而是要让基层的员工有饥饿感，中层员工有危机感，高层的员工有使命感，让全体员工激发内在潜能，迎接时代挑战。

本章回顾

1．企业的激励方式单一会对企业造成不良影响，好比药之于痼疾，一是有副作用，二是有＿＿＿＿＿＿＿＿＿＿，三是有耐药性。

2．企业推行组合激励的三大缘由：一是激励目的多样化；二是＿＿＿＿＿＿＿＿＿＿＿；三是激励手段多类化。

3．组合激励的内核包括两大部分：＿＿＿＿＿＿＿＿＿，是内动力系统；＿＿＿＿＿＿＿＿＿＿，是外动力系统；两者缺一不可。

4．企业一般有4种类型：强机制强文化型，如华为、海尔；＿＿＿＿＿＿＿＿，如安然公司；弱机制强文化型；＿＿＿＿＿＿＿＿＿＿＿＿，这种类型在民营企业中特别普遍。

5．七大组合激励包含7种激励方式，分别是：企业文化绩效化，＿＿＿＿＿＿＿＿＿＿＿，绩效工资差异化，＿＿＿＿＿＿＿＿＿＿＿＿，股权激励分步化，＿＿＿＿＿＿＿＿＿＿＿＿，奖罚激励荣辱化。

6．组合激励在成功企业与一般企业中有着巨大的差异：首先，在激励理念上，成功企业与一般企业是不同的；其次，在＿＿＿＿＿＿＿＿＿＿上，一般企业手段单一，成功企业更强调多样化组合激励；最后，在＿＿＿＿＿＿＿＿＿＿上，成功企业更多的是以战略为导向，而一般企业则以公平为导向。

第三章

企业文化高绩效化

站在激励员工的角度，企业文化所起到的作用不可估量。一家企业文化氛围好的公司，员工彼此信任，相互协作，部门沟通效率高，队伍正向积极，充满正能量。一家企业文化氛围糟糕的公司，员工情绪消极，不思进取，相互猜疑，钩心斗角，抱怨指责，牢骚满腹。同样，文化对员工的激励、吸引、保留等也有着重要的作用。文化氛围好，会吸引很多有志之士、高手能人竞相聚集，成就一番大事业；文化氛围不好，对员工没有激励作用，甚至会让很多员工逃离企业。

那么企业文化的内涵到底是什么？

它与宗教、家庭、学校、军队等组织文化的根本区别是什么？

优秀企业的企业文化都是什么样的？

第一节　优秀企业追求高绩效导向

詹姆斯·柯林斯在《基业长青》一书中，总结了卓越企业的八大特点："造钟而不是报时；利润之上的追求；保存核心刺激进步；胆大包天的目标；教派般的文化；择强汰弱的进化；自家成长的经理人；永不满足的机制。"通过仔细分析，我们会发现，这些卓越企业背后都有一个共同特征，那就是追求高绩效导向。

说到企业文化高绩效化，我并非鼓吹"利益至上""唯利是图"，但现实"迫不得已"，市场经济的本质遵循的是丛林法则：优胜劣汰，适者生存。企业竞争越来越激烈，只有长期关注客户价值，持续产生业绩和利润的高绩效企业，才能生存发展。

　　企业是营利性组织。企业与宗教、学校、家庭、军队等组织最大的区别是，企业要想获得生存和发展，必须创造顾客价值，必须盈利，企业不盈利就是犯罪。当然，君子爱财，取之有道，企业必须遵守市场规则，合法获利，不能走歪门邪道。

　　我跟很多企业家交流过这样一个话题：企业应该打造什么样的文化？有些企业家回答我，企业文化的核心是爱，应该打造像家庭般的爱心文化；有些企业家说，企业应该像学校，是学习型组织，应该不断超越和突破，应该提倡学习型文化；有些则认为，企业最缺乏的是执行力，应该强调执行文化；有的则强调企业应该有伟大的使命和梦想，传承千年（见图 3.1）。

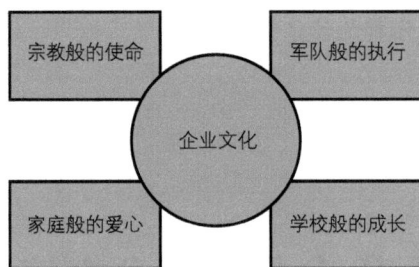

图 3.1 企业文化类型

　　我的回答是：这些想法都对。因为，这些企业家谈到的都是当下其企业最缺乏的。但从另一方面来看，我们也要思考这样一些问题：企业要谈"爱"，谈"感恩"，但是企业毕竟不是家，企业的爱是有原则的，如果长期低业绩，员工是"老白兔"或者"小白兔"，企业是不会无底线地忍受的。企业强调学习，但企业毕竟不是学校，企业的学习是要强调投入产出比的，是要产出业绩的，如果企业学习不以实用为导向，长期无业绩的学习投入，任何企业也难以负担。企业谈到宗教般的使命，军队般的执行，家庭般的爱心，学校般的学习，都是为了创造客户价值，产生高绩效。

一、高绩效导向之价值思维

对比优秀企业和糟糕企业，你会发现一个根本性的区别，那就是：优秀企业眼睛向外紧盯客户，以客户价值为根本；糟糕企业眼睛向内盯着领导，以领导认可为导向。如同华为任正非所说，眼睛盯着领导的，屁股就会对着客户，就会把客户的需求不当回事，把客户的投诉置之不理，最终会损坏客户价值，也会让企业垮塌。

这里有一个误区需要注意，很多人认为高绩效会损害客户价值。这种想法其实不对，高绩效是客户导向的高绩效，高绩效与高客户价值并不矛盾，而是互为因果的关系。有高客户价值才能有高绩效，同样，高绩效要想达成，必须有高客户价值。在实际情况中，低客户价值的企业往往也是低绩效。

对员工来说，传导价值思维是关键。

价值决定价格，起决定作用。这是当年我在国有企业推行绩效的口号。价值是贡献和产出，价格是工资或奖金，有什么样的贡献，就会有什么样的收入。

而今我负责讲授"绩效增长模式"课程，迄今为止，已讲授超过260期，有很多企业连续多次复训，甚至每年都会再学习。在向行动教育的伙伴传导价值时，我坚持一个原则，给客户的价值必须是价格的十倍，要想创造高绩效，就必须创造超过十倍的价值。

比如一门课程的学费是2.58万元/人，那么该课程就要给客户超过25.8万元，甚至是258万元的价值。这类似于做一个游戏：拿出一张白纸，你让客户拿10元钱购买，是没有人愿意买的，因为10元可以买一捆，但如果一张价值100元的纸（如100元的钞票），你让别人拿10元购买，人们会抢着要。

那么，在企业实际工作中，员工的工作价值到底如何呢？我在讲授"绩效增长模式"课程时，经常会做这样一个练习：你认为你当前的工作岗位最核心的工作价值是什么？接下来请学员根据重要性，依次写出：

核心价值一：

核心价值二：

核心价值三：

核心价值四：

核心价值五：

接下来，我看到学员们书写的内容有：

我高度负责，领导交代的事立即执行；

我非常敬业，每天认真工作；

与他人积极协作，支持其他部门的工作；

高度责任感；

良好的团队合作精神……

随后，我请大家在以上的价值点背后都标上价格。比如现在的月收入是10 000 元，将其拆分到每个价值中，用这个价格来购买价值。标完后，请每个人回答以下问题：

1）如果你是老板，你愿意用这样的价格购买员工的价值吗？

2）如果你是员工，你认为这些能充分展现你的能力贡献和价值吗？

这个方法直接简明，可以帮助我们清晰地看到价值与价格的关系。

二、高绩效导向之成果思维

价值思维的具体体现是成果思维。那么什么是成果呢？一句话，客户愿意为之埋单的东西才是成果！市场交换法则告诉我们：所有的价值体现在"交换"中，商业社会的基本规律就是交换：公司用成果和客户交换，才能生存和发展；员工用成果和公司交换，获取报酬和发展空间。

需要注意的是：

1）态度不等于成果。

2）职责不等于成果。

3）任务不等于成果。

请看下面这个案例。

今年五一节，北京××医疗设备公司要派10个人去青岛参加一个展会。每逢节日，铁路客运就非常紧张，旅游城市更是如此。4月27日（预售的第一天）一大早，公司老板就派小刘去火车站买车票。过了很久，小刘满头大汗地回来了，说："售票处人太多了，我挤了半天，排了3个小时才轮到我，但是窗口的所有火车票，包括软卧、硬卧、硬座都卖完了，没办法，我只好回来了。"老板非常生气，将小刘训了一顿，说他真不会办事。小刘感到很是委屈，心想：我辛苦了一早上，的确是没票了，为什么还要埋怨我？

4）结果不等于成果。

请看下面两个例子。

A．王总叫小王打印一份文件，小王按照要求很快就把文件打印好后送交王总。但王总发现里面有好几个错别字，有的地方标点符号也打错了……

　　B．李经理派遣小张到客户家里安装空调，小张很快就装好了，但客户打电话给李经理投诉小王做事不负责，安装后把家里搞得又脏又乱……

由此可见，结果，有好有坏。坏的结果不是成果，好的结果才是成果！我们要思考以下问题：

◎ 客户是谁？成果是用来交换的，那么成果是用来同谁进行交换的？

◎ 客户需要什么样的成果？成果是客户需求的满足，客户为什么要交换？

◎ 客户会把成果用来做什么？了解客户的目的以便更好地做成果。

所以说，价值思维的具体体现是成果思维，以成果为导向，才能做到有的放矢、高效高质。

三、高绩效导向之数字思维

价值思维、成果思维，最后会量化成数字来表达，这就是数字思维。

大多数员工不喜欢考核，因为考核意味着"打分收表扣工资"。实际上，考核的目的并不是这样。企业实施考核，是希望通过考核的手段，让员工创造更多的价值，同时用考核去评估价值、分配价值。

在绩效增长课堂上，我经常会这样引导：假如今天不做考核，我就做一个游戏，来进行绩效分配。这个游戏很简单，是价值交换游戏：我的面前放着3堆钱，一堆是10万元一捆，一堆是5万元一捆，还有一堆是2万元一捆，你想要哪一堆？大部分人都会回答，越多越好。没问题，那你拿价值来交换，你必须量化出你的价值。

销售部说，我去年通过努力，销售额增长了30%，1 000多万元，我认为自己有资格拿10万元一捆的。好，没问题，给他10万元，甚至我还在思考，有没有少给。

轮到生产部了，生产部部长说，去年我部门加大创新力度，降低能耗5%，合计节约了500万元费用，我认为自己也有资格拿10万元一捆。好的，没问题，给他10万元。

接下来轮到财务、人力资源、行政等二线职能部门了，这些部门头痛了，价值怎么量化呢？我们接着来看。

（1）数字思维是精准思维

下面是某宾馆的服务标准，它体现了数字思维的精准。

顾客就座2分钟之内，服务员和顾客说话。

顾客点饮料后4分钟之内饮料送到。

第一杯酒送上去5分钟之内，看看是否再来一杯，观察顾客的满意情况。

饮料上好后4分钟内询问顾客是否想点菜（如果不上饮料，在就座后4分钟之后询问）。

可口小吃，凉拌菜或酒5分钟之内送到。

在顾客点菜后10分钟内上主菜。

盘子收拾完后3分钟之内上甜点、咖啡和饭后饮料。

甜点上好后（如果没有甜点，在盘子收拾后）4分钟之内出示账单……

（2）数字思维是执行思维

如何理解这一点，请看以下案例。

A公司经理的目标：进一步提高销售额，完善制度，加强管理，加快招聘速度，满足公司发展所需的人力，争取尽快完成公司任务。

B公司经理的目标：2019年3月31日前，完成第一季度利润200万元，3月31日前完成招聘计划，招聘到20个合适人选。

对比两个公司的经理，我们可以看到，包含数字思维的计划，远比模糊思维更便于执行。因此，数字思维是执行思维，也是实现高绩效的基础思维之一。

第二节 三招打造高绩效导向文化

那么企业将如何打造高绩效导向文化呢？

我们先来看一个公式：绩效 = 意愿 × 能力 × 执行。

这个公式的意思是：创造高绩效，首先要有高意愿，即高动力。而这不仅仅是钱能够解决的问题，有一句名言叫作"千金难买我愿意"。"我愿意"，描述的是员工的一种积极主动心态。激励员工，就是要把员工心态从被动转换成主动。只有员工真正主动和负责，才能真正创造出高绩效。所以，提高员工的意愿度，我把它叫作激活员工的心。

创造高绩效，其次还要有高能力。态度好，意愿高，但能力不足，只能望洋兴叹。在现实管理中，有很多员工，很想把事做好，但苦于能力不够，想不到好的策略方法，结果是长期低水平重复。所以，提高员工的能力，我把它叫作激活员工的脑。

创造高绩效，最后还要有执行力。有意愿，也有方法，但是如果这个人很懒，执行力不到位，最终结果也是 0。所以，我把提高员工执行力叫作激活员工的手。

总而言之，要想有高绩效产出，就必须激活员工身上的 3 个东西: 心、脑和手。

一、打造高绩效文化的"两心"

激活员工的心，其实涉及"两颗心"。第一颗心是爱心，爱自己、爱同事、爱企业、爱国家。爱心会生发感恩，没有爱心成就的事业无法永恒。第二颗心是雄心，有雄心壮志，想要成就一番伟大的事业，这就是使命梦想之心。有爱心，无雄心，只会成为一个好人，但很难成为一个有大成就的人；有雄心，无爱心，为了追求自己的雄心壮志，不顾别人的感受，甚至违背商业道德，最终也会失去所有。

> 1959年稻盛和夫创立京瓷公司，当时只有28个人。第二年招聘了10个高才生。他们工作了一年，突然跑到稻盛和夫那里要求改善待遇，还写下了血书，如果不能保障他们的未来，他们就辞职！他坐下来，将心比心跟这些员工谈话。谈判持续了3天3夜，最后他把刀子往桌上一拍说: "我要用我的生命做赌注，为了大家过上好日子我会维护好这个公司。如果我是为了自己的私心杂念而经营公司，你们可以砍死我！"最后，大家总算信服了。但是，稻盛和夫说服了那些要辞职的人，却没有说服他自己。他苦思冥想了几个星期之后，终于想明白了: "年轻员工是把自己的一生托付给了公司，所以公司的首要目的就是要保障员工及其家庭的幸福。我必须带头为员工谋幸福，这是我的使命！"

稻盛和夫经营哲学中非常重要的一点就是，始终把保障员工及其家庭的幸福放在第一位。经营企业首先是经营人，经营人就是爱自己的员工，唯有爱自己的员工，员工才会爱客户，为客户创造价值，为企业创造高绩效。

有的人会在公共场合讲，要爱国家，要为社会做贡献，要为国家做贡献。而回到企业却跟员工为了一点点福利待遇斤斤计较。如果连自己的员工都不爱，他所说的话都是假话。

从另一方面看，充满爱心的员工也是有高度责任心的员工。爱自己，就是对自己的行为负责；爱同事，就是对同事负责；爱企业，就是担当起自己本职工作的责任；爱国家，就是要做好一个公民应该承担的责任。

爱自己的员工，首先可以做一件既简单又很重要的事情。有一家企业为了激活员工的爱心，专门成立企业爱心基金。这个爱心基金可以用来帮助困难员工家庭，以及天有不测风云发生意外事故的员工家庭；其次才是帮助社会上的困难群体和受到自然灾害影响的群体。这个爱心基金有很多企业都在做，爱心基金的主要资金来源是靠企业每年收入的一部分，同时鼓励员工拿出自己收入的一小部分（比如每个月捐出 3 元、5 元、10 元等）注入爱心基金。金额大小不重要，重要的是引导员工形成有爱心的文化氛围。当一个人在献爱心的时候，实际上就是在伸开双臂去帮助别人，这个过程就在无形之中提升了员工的格局。人的格局一旦提升了就不会再斤斤计较，企业的沟通也就会顺畅很多。一个简单的爱心基金，却能做到小投入大产出。

企业必定是一个营利性组织，如果只有爱心，没有雄心，可以去做公益性的组织，但做企业的话事业做不大。当然如果只有雄心，没有爱心，这个人心术不正，也难以有所成就。

雄心就是伟大的梦想和抱负。一个伟大的民族，一定是有一个伟大的梦想和抱负。习近平总书记在提出中国梦两周年讲话时曾说，"让梦想的力量助推梦想""实现中华民族伟大复兴，就是中华民族近代以来最伟大的梦想""以中国梦聚合 13 亿人民的磅礴之力，将中国梦化为百姓身边一个个具体可感的'就业梦''上学梦''宜居梦''医保梦''小康梦'"。一个成功的企业一定是由一群有梦想的人组成的，"让梦想的力量助推梦想"，企业的梦想就是实现大部分员工的梦想，同时大部分员工的梦想又会助推企业梦想的实现。

我们把这个梦想可视化，就是企业的梦想宣言。我的客户中有这么一家公司——倍舒特，是一家专注生产一次性护理用品的企业，我们已经合作 7 年了，每次去他们企业都能感觉到企业员工士气高昂，公司每次进行会议时的第一件事情就是全体朗读梦想宣言。以下是倍舒特的梦想宣言：

> 我是倍舒特茁壮成长的"倍壳"，
>
> 怀揣梦想，伴随倍舒特踏上新的历史征程。
>
> 我有一个梦想，那就是为消费者创造更加舒适的生活。
>
> 我们的每一包超吸收产品，都将为女性和宝宝家长解决"漏"的烦恼；
>
> 我们的每一辆专车，都将为乡镇农村的消费者带来真正的好产品；
>
> 我们对于产品的每一次改进，都将给消费者带来更加舒适和安心的体验！
>
> 我有一个梦想，让来自草根的"倍壳"们先富起来，有车、有房、有尊严地活着！
>
> 让千家强势样板店在华夏遍地开花，让千辆专人专车在神州滚滚而行；
>
> 让倍舒特屹立于民族品牌之林，成为中国生活用纸行业的领军企业。
>
> 展望未来，我们将不断精进……

我们敬畏消费者，敬畏客户，敬畏供应商，敬畏市场规律。

我们渴望学习，推崇当下师为无上师，学习比我们优秀的员工，学习比我们优秀的竞争对手。

我们拥抱竞争，每当公司敞开晋升的选拔舞台，我们就勇敢踏上PK台，接受竞争的考验。

我们享受健康，分享快乐，身体力行，把健康和快乐带给自己和身边的人。

这是我的梦想宣言，为了这个梦想，我将自强不息，奋发向上，与志同道合的"倍壳"们并肩作战。

人的一生可能燃烧也可能腐朽，但我要让生命之花在燃烧中怒放。

终有一天，我们将成为世人的标杆，后人的榜样，成为中国民族企业发展史上的丰碑。

梦想宣言就像一颗种子，如果每天不断重复，就会不断地在内心深处生发一种梦想的力量，久而久之形成了一个影响圈。随着影响圈不断变大，企业就会形成一种看不见摸不着的梦想力量！而这种梦想的力量就像一个大磁铁，产生无穷的吸引力。这种吸引力具体表现在以下几个方面。

（1）吸引资金

我曾经辅导过一家污水处理企业，建设污水处理厂需要大量的资金，这些资金大多是从各方面募集而来。他们怎么募集资金呢？以前跟投资方谈，就是谈合作，谈项目未来的投资回报率。自从经过我们辅导一起做了梦想宣言之后，企业每次在跟投资方谈之前，首先请投资方看去癌症村拍的污水和得癌症的孩子的照片，然后再请投资人听一听他们员工朗读梦想宣言的场景，投资人马上就感觉到这是一家具有梦想和使命的企业，最后谈投资的一些细节就容易多了。有一次某重要领导来他们企业参观，他们迎接领导的方式是全员一起朗读梦想宣言，领导为之震惊，认为像这种有梦想有使命的企业一定要大力支持。

（2）吸引人才

2009 年，马云带队去美国考察一些一流的公司，包括苹果、谷歌、微软、星巴克等。见到这些公司，阿里考察团通常都会问一个问题："谁是你们的竞争对手？"

到谷歌公司后，考察团也问了谷歌的创始人 Larry Page 这个问题，考察团本以为 Larry Page 会说，微软、苹果等，都是它的竞争对手。但答案特别出乎大家的意料。Larry Page 说，NASA（美国宇航局），Obama administration（奥巴马政府，当时奥巴马执政）是其竞争对手。考察团问：为什么？他说，谁跟我抢人，谁就是我的竞争对手。Larry Page 解释，我的工程师，Facebook、苹果来抢，我不怕。我们开更高的工资，给更多的期权、股权就好了。可是我的工程师去 NASA，一年只有 7 万美元，只是我这里的 1/5，可我还是抢不过！我们谷歌描绘了一个很大的梦想，但美国宇航局的梦想是整个宇宙，更大，做的事更好玩，把我们最优秀的工程师给吸引走了。由此可见，吸引高手的不一定是机制，更有可能是伟大的使命和梦想！

二、打造高绩效文化的"脑"

通过爱心基金和梦想宣言让员工有爱心和雄心，实质是把员工的"心门"打开，爱心会滋生出责任心，雄心会孕育出事业心。除"有心"之外，还需要"打开员工的脑"，让员工不故步自封，通过不断学习，接纳外界新的思想、新的知识，从而不断积极向上。

我在辅导了大量民营企业后，发现一个很有意思的现象：很多企业业绩增长不了，根源在于员工故步自封，企业没有创新氛围。那么，创新氛围跟什么有关系呢？我的发现是：创新与员工学历高低没有关系，实际上即使是不识字的农民工也可以创新；与企业规模大小也没有关系，大企业可以创新，小企业也可以创新；与所处行业也没有关系，高科技行业可以创新，传统行业也可以；与企业性质也没有关系，外资企业可以创新，国有企业可以创新，民营企业也可以创新。创新只跟一样东西有关系，那就是这家企业是正向积极氛围，还是负向消极氛围。在"不可能""做不到""太难了""搞不定""没办法"等口头禅盛行的公司，基本上没有创新可言。因为在这样的公司，谁提出创新想法，谁就会被视为异端，创新的想法在一开始就会被扼杀。

那么，为什么很多公司存在大量的"不可能""做不到""太难了""搞不定""没办法"等负面思维呢？我的结论是：这些员工普遍不愿意学习，企业也没有塑造积极的学习氛围。在一个不愿意学习，不爱好学习的群体里，人会故步自封、思维僵化，在自己固有的思维和习惯里打转转，对外界新的认知产生巨大的排斥。好比当年清政府闭关锁国政策，不开放、不接受也不学习西方先进的科学技术和文化，落后就要挨打，使得中国经历了近百年的屈辱历史。因此，企业要主动营造良好的学习氛围。

企业要塑造学习型文化，有很多种方式：比如加大培训资源投入，送各类员工参加多种方式学习；"走出去，请进来"，进行广泛的专业交流；建立内部培训体系，成立企业商学院，打造企业知识管理系统，等等。我在这里，跟大家介绍一个极其简单的学习文化落地方式：每月一次读书会。

每个月选一个固定的时间，比如每月第一周的周五下午 3:00—5:00，雷打不动两个小时读书会，当然也可以选择现在互联网的学习模式，如各类在线课程，重要的不在于选择何种学习模式，而在于员工统一思想，共同学习、分享、提升的过程。

行动教育每月都有雷打不动的读书会，集团以及各子公司每月半天时间共同学习一本书，行动教育董事长李践老师亲自选书。一是公司未来战略发展需要的商业书籍，二是当下员工最需要提升的成长书籍。由行政部负责采购下发到人，每人都要读，每页都要勾画，读完后还要撰写读书笔记，在下次读书会前 3 天提交给行政部。如果没有提交或者延迟提交，每人交 300 元赞助费。

读书会上，首先组成 AB 搭档，相互检查。看对方是否学习过，每页是否有勾画，笔记是否撰写。检查完后，要向主持人进行通报。若没有撰写笔记或者书籍没有阅读和勾画，当场交 300 元赞助费。接着进行学习成果分享，先在小组内分享，然后小组派代表在全公司分享，最终根据大家的分享，找出当下公司或员工最需要提升的 3 个方面，形成读书计划，落地执行，在下次读书会再进行落地成果分享。如此反复，既统一了集团的思想，又让员工的认知与能力得到提升。

三、打造高绩效文化的"手"

心打开了，脑打开了，还需要施展开手脚去执行。言语的巨人，行动的矮子，是无法产生高绩效的。而要产生执行力，核心就是让员工手脚动起来。

我们知道，军队的执行力是非常强的。为什么一个做事拖拉、行为懒散的年轻人，经过军队的三年洗礼，会变成一个行事果断、执行迅速的解放军战士？军令如山倒，此其一。一人迟到，全班受罚，用群体的压力来约束每个个体，此其二。不断强化军事训练，拉练、越野、军事对抗，让肌体保持紧张状态，从而适应高强度的战争需要，此其三。

企业不是军队，无法用"军法"来要求员工。实际上，长期行使"高压政策"，或者动辄处罚员工，会使得企业氛围相当紧张，不利于激发员工创造力。并且，今天企业的员工群体结构发生巨大变化，80 后、90 后成为主力军，00 后步入职场，再用以前的奖罚决断手段难见成效。

这时候该怎么办呢？

办法很简单，提倡运动文化，用运动激活员工的手和脚。在今天的企业，无论是 60 后、70 后，还是 80 后、90 后；无论是东方人，还是西方人，还是其他具有不同信仰的人，运动都是一个普遍性的、老少皆宜的话题。只不过，每个人喜好的运动项目不一样而已。例如，有些人喜欢跑步、游泳，有些人喜好篮球、足球、羽毛球，等等。不管哪种运动，都有一个共同的特点，那就是"运动可以打开身体，让身体充满活力"。一个身心健康、充满活力的人，执行速度也会快。人性本懒，懒得动，执行力就会差。动起来，才会身心合一，头脑灵活，才能提升执行力。

今天，很多企业都在提倡运动文化。一是强身健体，二是打开身心，三是提升执行力。比如东风汽车集团就有着自己的运动文化——网球文化。网球运动是每一个东风人的工作计划之一，每个月部门之间都会组织网球训练，每年都会组织员工参加一些网球比赛，让他们在繁忙的工作之余，利用网球来消除精神疲劳。工会将爱好者分为老中青 3 个档次，50 岁以上为中年组，70 岁以上为老年组，其他的为青年组，最大的球员已经超过 80 岁了。集团还为员工培养下一代，每年都开设学生网球培训班，免费向员工的孩子开放，以供孩子们学习这一运动。网球文化不仅仅让员工的身体更加健康，同时也训练了员工的执行力。

万科公司早在 2011 年，就推行健康文化、运动文化。为了顺利推行，不仅王石、郁亮等高管以身作则，而且还把体重、体能指标和奖金挂钩。2011 年建立基数，2013 年和奖金挂钩。BMI（身体质量指数）低于 18 太廋，高于 23 太胖，同时进行体能测试，握力、心脏指数、俯卧撑、弹跳、柔韧度、优良率多少，记录下来，当年数据是基数，下一年看看有没有提高改善，有提高改善则发奖金，没有提高也不罚员工，而是罚管理层。万科提倡的运动有 3 个特点：第一，必须是阳光运动。因为白领存在一个很大的问题是不晒太阳。第二，必须是流汗运动。人体的很多毛病是新陈代谢不够导致的。第三，必须是团队运动。这些运动开展后，取得了很好的效果，比如员工间的抱怨就变少了。一家公司的员工中各种性格、各种年龄层的人都有，不同部门总有业绩考核好坏的时候，公司要提供一个让他们在别的地方赢过来的机会。比如某个员工说，我销售比不过你，但是我可以在运动场上跑过你。甚至提供一个让下级"羞辱"上级的机会。这些运动，老总是必须参加的，最后一名肯定是老总。他们往往年纪最大，运动最少，成绩也最差，这样下级可以"羞辱"上级。这样一来，部门间隔阂就少一点，上下级关系变得特别融洽。尤其到年底，员工健康水平有所提高，大家也觉得公司提供了很好的福利。

第三节　文化落地核心是带好身边人

《亮剑》是我最喜欢看的一部电视剧，李云龙的性格，深深影响着他所带的部队——独立团。"面对强大的敌手，明知不敌也要毅然亮剑。即使倒下，也要成为一座山，一道岭。" 这种狭路相逢勇者胜，逢敌必亮剑的精神，造就了这支部队的军魂。

在企业文化塑造和成型过程中，老板至为重要。甚至可以这么说，很多民营企业的企业文化就是老板的性格，老板性格的外化就是企业文化。比如万达的文化实质就是王健林的性格外化，海尔的文化深受张瑞敏的性格影响，华为的文化体现了任正非的性格，联想的文化就代表着柳传志的性格。追求高绩效企业文化，实质就是老板把对高绩效的要求，对追求企业崇高使命、梦想的要求，高度人格化在企业文化之中。所以，高绩效导向企业文化的落地，实质是身体力行的过程，是言传身教的过程，是带好身边人的过程，是逐渐传递逐步扩散的过程。

一、文化落地要三"言（严）"

（1）言传身教

在我辅导的企业里，有一家民营海运物流企业，年营业额超过 70 亿元，连续 15 年以每年 30% 的速度增长。这家企业的文化非常独特，在公司大门口左侧的走廊里，赫然贴着一副价值观标语："干活、吃饭，枪口对外"。刚接触这家企业的外来宾客，瞬间都会被这 8 个字吸引住。问及为何写这 8 个字，董事长告诉我们，创业之前他在一家大型国有企业工作，痛感企业人浮于事，推诿内耗，外战外行，内战内行，不是在市场上建功立业，而是在家里邀功请赏，内斗窝里横。为了避免自己的企业出现这种情况，在创业之初，就定下了这 8 字文化。一是简化人际关系，公司就是营利性经济组织，大家凑到一块，就是为了最根本的目的"干活、吃饭"来的。目的很单纯，可以避免过于复杂的人际关系带来的沟通成本。二是提倡在市场上建功立业，在市场上与对手拼杀，在市场上证明自己，那才是真正的"行"！三是枪口一致对外，二线支持一线，打赢战争才是根本。

为了塑造"干活、吃饭、枪口对外"的高绩效导向企业文化，董事长从自身做起，言传身教。一是要求公司开会不绕圈子，简洁明了，直指核心，决不允许桌面不说桌下说，当面不说背后乱说。甚至说话啰唆，3 句话不能抓住要点，也会招致董事长的批评。二是坚持公司内部正能量传递，要求不说消极话，不做消极事，不当消极人。三是倡导读书正能量分享，要求高管层轮流执笔，每天在微信群里写一份充满正能量的"家书"，在公司管理层内部进行传播。对每个人的分享，董事长每天再晚都要进行点评，这件事不是坚持一两个月，而是坚持了 5 年。

（2）言行一致

加盟行动教育近 10 年，我对行动教育的价值观"永远坚持实效第一"非常认同，对董事长李践导师的言行一致深表敬佩。行动教育从事培训行业十几个年头，在各种忽悠盛行、夸大其词的行业乱象中，长期坚持"讲我所做，做我所讲，实效第一"价值观，首先体现在董事长李践老师的言行一致上。比如行动教育坚持实效第一，要求所有导师在自己的领域不断精进，课程必须不断迭代，董事长是这么说的，更是这么做的。李践老师讲"盈利模式"课程 300 多期，每期都重新备课，更新课件，课程迭代升级到 8.0 版本。每月一篇专业文章，雷打不动，每个导师少交或者迟交，一次"赞助"5 000元。价值观的传播实际就是"向我看齐"，自己做不到，自己言行不一，就没有资格要求别人。

（3）严于律己

文化落地，除了言传身教，言行一致外，还要严于律己，自己必须首先遵守，自己做不到，不要求别人。这个"己"包含两层意思：一个是对自己的要求；一个是对身边人（自己人）的要求。我国许多老一辈革命家，对自己和家属的要求，对身边工作人员的要求都非常的严格。比如毛主席、周总理等，从不给自己家属和身边的工作人员搞特殊，甚至政府配给使用的小车，都严格限制家属使用。

有这样一个案例，某公司董事长对工作标准要求很高，自己也是率先垂范，但是对自己身边人尤其是核心高管团队的工作行为，却并没有坚持同样的标准。时间一长，大家都摸清楚了董事长的性格特点，当面承诺拍胸脯，事后工作没做好找各种理由借口，董事长心一软就不再追究。这种企业的结局可想而知。

二、坚守是关键

企业文化和价值观的作用，在企业经营形势好的时候看不出来，但在企业碰到困难、危局或重大变革与挫折时，就会成为凝聚力的核心与关键。同样，在重大关键时刻，能否坚守价值观和企业文化标准，也是判断企业价值观真伪的重要标准。

（1）价值观排序

价值观排序不是口头宣言，而是实践中的行为标准。所谓价值观坚守，核心是当某些行为违背价值观的时候，能否把价值观排序放在第一位。电视连续剧《西游记》中，唐僧对孙悟空念紧箍咒，都是在孙悟空误杀平民百姓（虽然大多是妖魔鬼怪变化而来）的时候，这其实是一个很好的注解。唐僧去往西天取经，就是为了救苦救难，他严守出家人的戒律"不杀戒、不盗戒、不淫戒、不妄语戒"等，实质就是在坚守价值观的排序。

（2）坚决捍卫价值观

价值观是要用来遵守的，价值观底线是要坚决捍卫的。让我们再回顾一下海尔坚守质量意识砸冰箱的故事：多年以前，张瑞敏收到一封用户来信，信里说厂里电冰箱的质量有问题。张瑞敏立马带人检查了仓库，发现仓库里 400 多台冰箱竟然有 76 台不合格。当时跟干部商量如何处置，有人说，冰箱只是外部划伤，便宜点儿卖给工人。那时候，一元钱能买 10 斤白菜，一斤多花生油，0.6 斤猪肉。一台冰箱 2 000 多元，是一个工人 3 年多的工资。就算这样，冰箱依然供不应求，抢都抢不上，"纸糊的冰箱都有人买"。张瑞敏却在全体员工大会上宣布，要把这 76 台不合格的冰箱全部砸掉，而且要生产冰箱的人亲自砸。张瑞敏说："过去大家没有质量意识，所以出了这起质量事故。这是我的责任。这次我的工资全部扣掉，一分不拿。今后再出现质量问题就是你们的责任，谁出质量问题就扣谁的工资。"张瑞敏清楚，并不是把冰箱砸掉了质量马上就好了，更重要的是通过这个事情提高员工的质量意识，传递一种理念，那就是所有的有缺陷的产品都不能出厂。

三、坚持与重复

柏拉图有句名言："时间是忘却的良药，却不是解决问题的高手。" 高绩效导向文化的传承，要想打破时空界限，就必须坚持与重复，跨越时间和空间维度向外扩散（见图 3.2）。

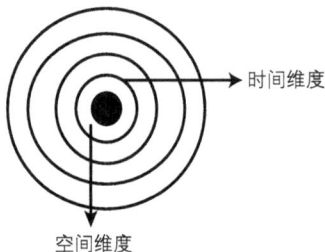

图 3.2 高绩效导向文化的传承

（1）时空维度：一万小时定律与十万次重复

作家格拉德威尔在《异类》一书中提出了一万小时定律，"人们眼中的天才之所以卓越非凡，并非天资超人一等，而是付出了持续不断的努力。1 万小时的锤炼是任何人从平凡变成世界级大师的必要条件。" 这其实是遵循时间的因果法则，时间花在哪里，成果就出在哪里。高绩效导向文化的传承，其实也是遵循这样的规律。稻盛和夫在《干法》一本书中提到这样一件事，很多人都会问这样一个问题，如何让员工相信老板所说的使命和梦想，他回答说我也没什么好办法，就是不断地去说，去做，再去说，说着说着，也不知道从哪一天开始，人们就信了。这就是企业文化和价值观的最重要的传播方式：重复 × 时间 = 坚定不移的信仰。

首先，在各种培训中要嵌入企业文化和价值观元素。例如，很多公司都搞新员工培训，绝大多数只关注员工了解入职基本情况，各种规章制度等应知应会内容，但其实企业文化和价值观 "入模子" 才是最重要的内容。阿里巴巴坚持新员工培训封闭 21 天，大家吃住在一起，核心内容就是如何成为一个合格的阿里人，实际上这就是阿里巴巴企业文化和价值观的塑造。

其次，各种会议要回归到高绩效企业文化落脚点。每天晨会、每周例会、每月总结会、季度战略复盘会、半年度总结大会、年度员工颁奖大会、企业经销商大会等，无论会议内容和流程安排有何不同，最后都要变成 "团结的大会，奋进的大会，企业文化和价值观的凝聚与传承大会"。解决事是操作层面，解决人的精神思想才是最终导向和目的。

再次，领导要不厌其烦地分享与传播高绩效导向企业文化。领导人实质就是一个布道者角色，是精神导师。要抓住各种机会和渠道，用各种形式和方式，积极正向传导公司高绩效导向企业文化。正如通用电气前 CEO 杰克韦尔奇所言："人们只知道通用电气绩效管理做得好，但他们不知道我在推行绩效管理前，花了 10 年时间去导入绩效文化。"

（2）稀释前的文化再注入

中国有句俗话叫作"富不过三代"，第一代人任劳任怨开创新基业，第二代人兢兢业业固守成就，第三代人却花天酒地将前人的积蓄挥霍殆尽。这是由孟子"君子之泽，五世而斩"演变而来的（原句为"道德传家，十代以上，耕读传家次之，诗书传家又次之，富贵传家，不过三代"）。换个角度理解，这其实讲的是物质和精神的传承问题，物质可以灰飞烟灭，唯文化方能生生不息。

文化要传承，最核心的是要防止文化被稀释。比如在企业兼并收购过程中，两家企业不同的做事方式，如何把曾经的对手统一到同一个方向？人员扩编后组织规模扩大，各种想法纷繁复杂，如何把大家的思想统一起来，形成强大的凝聚力？老一辈功成名就，感慨"人生就是一个奋斗的过程"，如何让这种思维影响年轻人，甚至让很多年轻人转变"生活就是要享受，何必艰苦奋斗"的观念？答案都是文化再注入！

做好企业文化高绩效化，这一切都是实现企业高绩效化的重要基础。

本章回顾

1. 企业文化高绩效化的过程中，＿＿＿＿＿＿＿＿＿＿是关键，具体体现是成果思维，最后会量化成数字来表达，这就是＿＿＿＿＿＿＿＿＿＿。

2. 创造高绩效，首先要有＿＿＿＿＿＿＿＿＿＿，即高动力；其次要有高能力；最后要有＿＿＿＿＿＿＿＿＿＿。总而言之，要想有高绩效产出，就必须激活员工身上的3个东西：心、脑、手。

3. 打造高绩效文化的"两心"，第一颗心是爱心，爱自己、爱同事、爱企业、爱国家，没有爱心成就的事业无法永恒；第二颗心是＿＿＿＿＿＿＿＿＿＿，想要成就一番伟大的事业，这就是使命梦想之心。

4．打造高绩效文化的"脑"，需要企业塑造积极的氛围，督促员工学习，具体的做法可以有＿＿＿＿＿＿、＿＿＿＿＿＿、＿＿＿＿＿＿、＿＿＿＿＿＿等。

5．打造高绩效文化的"手"，办法很简单，提倡＿＿＿＿＿＿＿＿＿＿＿，激活员工的手和脚。

6．文化落地要三"言（严）"，第一，言传身教；第二，＿＿＿＿＿＿＿＿＿＿；第三，严于律己。

7．企业文化和价值观的最重要的传播方式：重复×时间=坚定不移的信仰。必须做到以下3点：首先，在各种培训中＿＿＿＿＿＿＿＿＿＿；其次，各种会议要＿＿＿＿＿＿＿＿＿＿；最后，领导要＿＿＿＿＿＿＿＿＿＿。

第四章

基本工资浮动化

基本工资往往被认为是企业的固定成本。

由于基本工资的刚性特征，人们往往认为：基本工资可上不可下，只能做加法不能做减法；只要雇用一个员工，就必须给他相应的基本工资，还要随着每年最低工资标准的调整而往上调整。由此，导致人工成本逐年上涨，企业的销售额却由于竞争压力而出现下滑，利润大幅度走低。

为了减缓人工成本上涨，维持企业的竞争优势，大量制造型企业开始转移阵地，将工厂从中国搬迁到东南亚国家，如柬埔寨、孟加拉国、越南、印度尼西亚等。而餐饮等劳动力密集型的服务业，随着人工成本上涨，企业总成本逼近盈亏平衡点，生存越来越艰难。

基本工资真的不能够管控吗？基本工资的支付如何能带来竞争力的提升？低工资下没有管理，为什么高的基本工资虽然能够吸引高素质人才，但也会出现"高固定工资养懒人"现象？

如何把基本工资用活？如何把企业的固定"沉没成本"变成激活基层员工的强大导向工具？如何用基本工资的组合拳设计，来激活广大一线和基层员工，从而激发潜能，提升效率，最终提高企业的利润产出？

第一节 基本工资不能变为沉没成本

一、基本工资刚性增长

一般企业在基本工资设计上非常简单：固定岗位，固定工资。基本工资既然给了就不能动，员工来上一天班，就要给他一天的基本工资，做好做差都要给。而且基本工资只能上调不能下降，很多企业每年都要上调基本工资，企业经营得好或差都要上调，不上调员工就要离职。这样的企业基本工资对员工起不到多大激励作用，反而使基本工资变成了企业的沉没成本。每年人工成本在上升，业绩却不见涨，企业利润也在下滑，企业生存越来越困难。

某连锁餐饮企业在全国有100多家店，8 000多名员工，平均基本工资是每月3 500元，月基本工资总额是2 800万元，全年共计3.36亿元，人工总成本相当高。在月均3 500元的收入水平下，很难找到合适的员工，尤其在北上广深这样的大城市，员工流动率相当高，平均达到40%以上，每年基层服务员的招聘都是一项繁重的工作。这里面有3个难点：一是餐饮企业众多，每年新开餐饮门店数不胜数，每家企业都缺人，基层服务性岗位总体供小于求；二是大城市生活成本高，每年的最低工资标准和社会平均工资都在上涨，有的涨幅达到10%以上；三是竞争对手挖人，基层员工很现实，在哪儿干都是干，多给个三五百元，就到对手那边去了。在这种情况下，要留住员工，就必须有相应的措施。人力资源部给公司提出的建议是：提高基本工资，每人平均涨幅300元，达到3 800元的标准。那么效果如何呢？

我们先来算两笔账：

第一笔，从员工角度，人均涨幅300元，按照3 500元的平均工资标准，占比是8%，对员工的激励作用非常有限。

第二笔，从企业角度，尽管人均涨幅不大，但总共8 000名员工，每月总体增加240万元支出，全年增加2 880万元，这也是一笔较大的投入。

问题是：这种涨薪有效果吗？员工的积极性有较大提高吗？员工的工作行为有任何改变吗？没有。其结果是2 800多万元打水漂了。

这是大多数企业面临的无奈。而从国家管控角度看，基本工资刚性化增长是不争的事实。具体表现在以下几方面：

1. 最低工资标准逐年提高

2019 年 4 月，人社部网站公布了全国各地区月工资、小时最低工资标准情况（截至 2019 年 3 月）。全国 31 个省份中，上海、北京、广东、天津、江苏和浙江的最低工资标准已超过 2 000 元，其中上海月最低工资 2 420 元为全国最高。此外，北京、天津、上海、广东 4 省份小时最低工资标准均超过 20 元。北京是全国小时最低工资标准最高的地区，为 24 元。其次是上海，为 21 元，天津和广东排在第三、四位，分别为 20.8 元和 20.3 元。

最低工资标准逐年提高，有可能成为企业经营"不可承受之重"。因为最低工资标准的调整"牵一发而动全身"，它调整之后，加班补贴、养老保险、社保、公积金等的最低计算基数也要相应调整。所以，即使最低工资标准的调整幅度看似不大，仍然会因其他的附着因素，而给企业增加不小的负担，利润空间也会被进一步压缩。尤其是对于那些规模小、劳动密集型的中小企业来说，最低工资的逐年提高给它们带来了极大的人力成本。

2. 平均工资增幅逐年提高

基本工资刚性化增长的另一个表现是平均工资增幅。仅以上海为例，根据上海社保网的官方数据，2018 年上海月平均工资比去年增长了 9%，达到了 6 504 元，年平均工资则是 78 045 元。

根据数据显示，拉动平均工资增长的主要动力是企业工资增幅提高。这也从侧面说明了，企业在设计对员工的激励方案时也要承受平均工资增幅带来的压力。

3. 五险一金等社保费提高

统计显示，随着近年来各地社会平均工资水平的不断攀升，社保缴费基数也随之上涨。除了每年持续上调的缴费基数，我国企业职工的社保缴费率一直居高不下。根据目前的规定，在缴纳社保时养老保险企业和个人所占的比例分别为20%和8%；医疗保险分别为8%和2%；失业保险分别为2%和1%，生育保险和工伤保险全部由企业缴纳。当前我国企业职工5项社会保险总费率已经接近欧洲福利国家40%的缴费门槛，远超美日韩等国家，再加上各地10%~24%的住房公积金缴费，"五险一金"名义费率已经达到60%左右。社保费的提高，更是为企业激励制度的实施带来了相当大的压力。

二、基本工资管理的缺失

既然基本工资具备刚性化特征，是否意味着基本工资就不能管理呢？答案是否定的。但现实中，大量企业对基本工资没有管理，表现在以下几个方面。

1. 对工作职责没有要求

一般情况下，基本工资对应基本职责，有着基本的工作要求。例如，企业招聘一名清洁工，基本工资是3 000元，这是有要求的。要做哪些清洁工作，每天工作几个小时，做到什么程度，都应该有明确的标准和要求。

我当年在一家地产集团工作，集团旗下有多家国际酒店管理公司管理的五星级酒店，如希尔顿、威斯汀、万豪、丽思卡尔顿、凯悦等。我观察到这些酒店对清洁工的管理，有非常清晰明确的标准。首先，把清洁工作分成细致的工作流程，核定每一步工作要花费的时间。其次，基于酒店的清扫区域和清洁工作要求，进行规范化定岗定编。最终清晰核定出打扫一间房，按照什么流程，花费多少时间。再次，对员工管理有一个清晰的时间圆饼图。比如一名清洁工要清扫5个楼层的卫生间，每隔一小时清扫一次，如果现在是15:00，他一定在30楼的男卫生间。主管每天随机抽取10个清洁工进行检查，如果在15:00时发现30楼男卫生间里没有清洁工，那么他一定是脱岗了。而针对脱岗/串岗，就要进行及时的管理。这就是对工作的基本要求。

反观大多数企业，对职位职责的管理规范化、细节化做得不够，没有清晰规范的工作标准和流程。比如某企业仓储部招聘普通员工，上班第一天主管简单布置了一下工作要求："你们的工作就是发货，按照出库单型号发放，不要搞错。"但由于该公司仓库货品型号多，新人对很多型号不熟悉，且没有严格完善的上岗培训，导致经常发错货，客户抱怨不说，企业仓储物流成本也翻倍。而仓库人员工资都是5 000元左右，淡季时基本没什么活，导致公司大量员工都申请到仓库上班。这就是典型的缺乏基本管理和要求。

2. 对职位没有管理

企业缺乏对职位的管理，就容易有架构复杂、职位多、编制多的弊端，也会导致企业基本工资持续增长。

> 我到广东一家日化企业进行绩效调研，发现该公司组织架构庞大，总经理下设五大中心（营销中心、制造中心、供应中心、财务中心、人力行政中心），中心下设22个部门，员工合计800人。其中管理层和职能部门近200人。如果只从组织架构上看，好像没什么，但结合这家公司的营业规模，你会大吃一惊，这家公司对组织架构和职位的管理处于混乱及失控状态。
>
> A. 公司销售额不到1亿元，配备五大管理中心，22个职能部门，典型的小马拉大车，管理成本过高。多一个部门多一层沟通，22个部门，中间的沟通成本非常大。毫不夸张地说，这样的组织架构可以支撑100亿元的营收规模。

B．人效产出低，800个员工，销售额1亿元，人均销售额是12.5万元，这个数据是非常低的。

C．人工成本高，基本工资按照每人4 000元/月计算，800个员工每个月基本工资总额是320万元，一年是3 840万元，占到总销售额的38.4%。这还只是基本工资，如果加上绩效提成、五险一金，人工成本占销售额比例超过45%。

D．财务、人力、行政等"非战斗岗位"配比非常高。该公司分成三大模块：前端销售、中端生产供应和后端财务人力行政。前端销售基于自主经营考虑，划分为20个销售中心，每个中心的后端管理标配是：一个财务、一个人力、一个客服、一个行政。销售中心总计280人，财务人力行政等非战斗岗位就有80人，一线作战人员与二线非战斗人员比例达到了2.5∶1。

这家公司的数据太吓人了，这是典型的管理支持团队臃肿。从这家企业的组织架构可以看出，职位设置多、杂、乱，用大公司管理框架管理小企业，导致总体管理成本过高，管理已经严重阻碍了经营，甚至成为经营的"累赘"。

三、基本工资不变动

很多人认为，基本工资不能变动，只能增加不能减少。对此有企业为了减少工资上涨带来的企业利润下滑，便在基本工资上动手脚。反映到现实中，往往是企业多年没有对员工的基本工资进行过调整。

我到企业调研时，常有员工跟我讲这样一句话："我的基本工资3年都没有调过。"尤其是基层员工，基本工资多年未变动。这种现象正常吗？公司看似节约了成本，但员工会采取降低工作付出来应对。一分付出一分收获，一分价钱一分付出。在物价持续上涨而工资没有增长的情况下，员工的应对就是降低工作产出。实际上，去看看这些工资多年未变的员工的具体工作情况，你就会发现，低工资带来了低效率、低水平重复的现象。

很多人有一个极大的认知误区，觉得基本工资低，企业竞争力就高。他们的理解是，基本工资低，企业支付的人力成本低，产品能做到低价，就有更大的竞争力。但实际情况并不是这样的，低基本工资并不一定带来高的成本收益比，相反，低工资往往会带来低能力、低水平、低产出、低回报，也会带来粗制滥造，最终结果可能是大大降低了企业的竞争力。

第二节 基本工资浮动化设计

首先我们来看基本工资对两个员工产生不同影响的案例。

小张和小李是两小无猜的邻居，两个女孩子高中毕业以后就没再读大学，分别进入两家餐饮企业做服务员：小张进入A餐饮企业工作，A企业的基本工资是浮动制，每季度根据员工的晋级表现调整基本工资；小李进入B餐饮企业工作，B企业的同一岗位的基本工资是一样的，但只有获得晋升才能涨工资。

两个人到企业中都非常努力，3个月之后小张从一星员工晋级到二星员工，涨工资300元，企业还举办了晋升晋级表彰大会，给小张颁发了二星员工的胸章。小张非常开心，回到家跟妈妈讲："妈妈，我升职了（实际是升级，不是升职）。"然后妈妈也很开心，就问她："不错啊，孩子，涨了多少钱啊？""300元！""挺好，挺好，继续努力，晚上妈妈给你做你最爱吃的红烧排骨！"第二天，小张的妈妈上街买菜，遇到了小李的妈妈，就跟小李妈妈炫耀："我女儿升职了！"小李妈妈一听："恭喜恭喜！涨了多少钱啊！""不多不多，也就500元！"（实际是300元，为了面子，小张的妈妈多说了200元）回到家，小李的妈妈就问自己女儿："人家小张都升职了，你有没有升职啊？""没有。""那你可要努力了。"

晋级之后小张工作更有干劲了，3个月之后，又晋级了，从二星员工晋升到三星员工，涨工资300元，在晋升晋级大会上小张又从二星员工胸章换成了三星员工胸章。回去又跟妈妈讲："妈妈，我又升职了！"妈妈一听："不错不错啊，连着两次升职，继续加油！"第二天早上上街买菜，又遇到了小李的妈妈，又跟小李的妈妈炫耀："我女儿又升职了，这次又涨了500元！"小李的妈妈一听："哇，厉害啊，恭喜恭喜！"嘴上说着恭喜，内心实际上翻江倒海呀！回去就问她女儿："你有没有升职啊？""没有！""那你上学的时候比小张学习好，长得也比她漂亮，也比她能干，人家半年连续两次升职，你怎么连个窝都没挪一下？"小李心里也委屈，"我确实很努力啊。"

3个月又过去了，小张又晋级了，从三星员工晋级到四星员工，涨工资，换胸章。小张的妈妈又跟小李的妈妈炫耀了……这时候小李的妈妈受不了了，非常愤怒，回到家跟小李讲："女儿啊，赶紧从你们公司离职，你们公司没前途，跳槽到小张她们公司去！"

这是一个非常现实的案例，这就是优秀的企业与一般的企业的对比，同时也是优秀企业员工与一般企业员工命运的对比。案例中 A 企业长期未晋级在岗位上混日子的差员工，没有多久一定会流入类似 B 的一般企业；同样的道理，B 企业中长期未得到晋级发展的优秀员工，没有多久一定会流入类似 A 的优秀企业。什么样的机制吸引什么样的人才，基本工资设计得好，就可以让企业源源不断地吸引优秀的人才；基本工资设计得不好，就会让企业源源不断地流失优秀人才。基本工资浮动制的设计，就可以有效激活基层员工。

一、岗位等级浮动设计

岗位等级浮动设计的意思是根据岗位不同能级的需求确定不同的等级。员工长期在一个岗位上无法获得晋升发展的时候，还可以通过提升自己的能级获得晋级。等级浮动在各行各业已经大量运用，例如，餐饮企业常见的服务员等级：一星服务员、二星服务员、三星服务员、四星服务员、五星服务员。美容美发企业常见的理发师等级：助理设计师、设计师、高级设计师、总监设计师、首席设计师等。

1. 双通道职位体系暨官爵制度

在我国古代，有一套官爵制度，加官晋爵，官跟爵是不一样的。

官：责权利统一。爵：名利待遇。其实这就跟官是师长，爵可能是少将师长、大校师长，也可能是中将师长一样（见图4.1）。

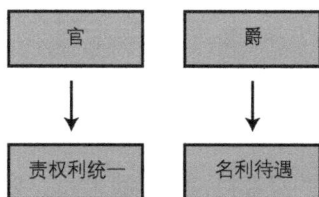

图 4.1　双通道职位体系暨官爵制度

早在两千多年前，商鞅变法制定出的军功爵制即是如此，商鞅把士兵的晋升晋级规定为22个爵位（见图4.2），同时"官爵之迁与斩首之功相称"。凡战士能斩得敌人一颗首级，就可以获得一级爵位，以及与之相应的田宅、庶子。斩杀的敌人首级越多，获得的爵位越高。

如果能斩敌人首级五颗，还可以役使隶臣五家。总之，军功的大小决定着将士"尊卑爵秩等级"的高低。同时对在战场上怯斗、临阵脱逃的士兵，处以杀头连坐等极刑。这套制度极大地激活了秦军士兵，使他们在战场上勇于拼命，成为一支战斗力极其强悍的军队。

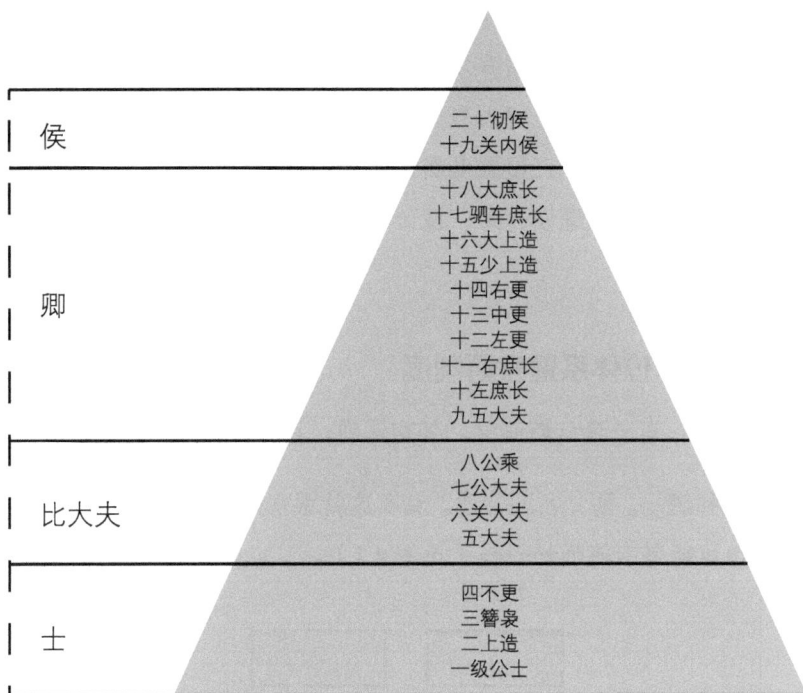

```
侯
    二十彻侯
    十九关内侯

卿
    十八大庶长
    十七驷车庶长
    十六大上造
    十五少上造
    十四右更
    十三中更
    十二左更
    十一右庶长
    十左庶长
    九五大夫

比大夫
    八公乘
    七公大夫
    六关大夫
    五大夫

士
    四不更
    三簪袅
    二上造
    一级公士
```

图 4.2 秦朝军功爵制

有鉴于此，在现代企业的经营活动中，我们也可以给员工设置两条发展通道，一条是职位晋升之路，比如从员工晋升为团队主管，再晋升到部门经理、跨部门总监、公司副总裁、总裁等；另一条是职级晋升，比如从一星级服务员，晋级到二星级、三星级、四星级、五星级等。这两条发展通道，职位晋升是"官"，职级晋升就是"爵"。

2. 以岗定级，以级定薪

以岗定级，实际上是岗位不变，但随着员工能力、资历、经验水平、责任范围的增长扩大，而对其实施相应激励的一种制度。岗位定级，可分为3级、5级、7级，一般以5级居多（见表4.1）。

表4.1 以岗定级

岗位名称	等级设定	对应能力、资历、经验
×× 岗位	5级（首席）	首屈一指
	4级（资深）	浸淫沉淀
	3级（高级）	领域精通
	2级（中级）	熟练掌握
	1级（初级）	初步了解

为什么5级居多呢？这是与员工的发展节奏密切相关的。一般对于一个岗位，从熟悉到精通到资深都需要一个过程，基层和体力劳动者居多的岗位，所需的时间越短，比如基层服务员，可能2～3年就能做到。大部分情况下，在一个岗位上做到资深，一般需要5～7年时间，按照每个层级晋升的时间为1～1.5年设置，大概就是5个层级。

举例1：某美容美发行业岗位等级设置（见表4.2）

表4.2 美容美发行业岗位等级设置

岗位名称	等级设定	等级名称	跨级年限
美容师	5级（首席）	首席美容师	0.5～1年
	4级（资深）	资深美容师	
	3级（高级）	高级美容师	
	2级（中级）	中级美容师	
	1级（初级）	美容师	

举例2：某企业财务经理岗位等级设置（见表4.3）

表4.3 财务经理岗位等级设置

岗位名称	等级设定	等级名称	跨级年限
财务经理	5级（首席）	首席财务经理	1～1.5年
	4级（资深）	资深财务经理	
	3级（高级）	高级财务经理	
	2级（中级）	中级财务经理	
	1级（初级）	财务经理	

3. 职位体系

目前，企业的职位体系主要分3种：欧美模式、日韩模式、政府行政模式。如何区别呢？从职位／职务名称上即可看出。

◎ 欧美模式：专员、主管、经理、总监、总裁。

◎ 日韩模式：课员、课长、部长、社长、会长。

◎ 行政模式：科员、科长、处长、局长、部长。

这3种模式如何选择呢？看你所处的环境，以及主要沟通交流的对象。例如，华为公司采取的就是欧美体系，职位称呼一般是经理、总监、片区总裁、事业群总裁，等等。海尔公司采取的是偏日韩体系，职位称呼一般是部长、集团本部部长等。行政事业单位比如中铁四局，采取的多是行政体系，称呼一般是科长、处长、局长。

这3种模式，没有优劣之分，但忌混用。我有一次到北京一家国企调研，听到的职位称呼五花八门，基层称呼是专员，基层骨干称呼是课长，部门负责人有称呼部门总经理的，也有称呼处长的（比如人事处处长、财务处处长），这就让人心生困惑：到底用的是哪种体系呢？

二、工资等级浮动设计

既然等级进行浮动了，那么相对应的工资也要进行浮动。一般规律，是把行业的入门门槛工资作为最低级别的工资。比如我们辅导的企业，上海某餐饮服务员，低于 3 500 元将招不到人，那么我们就把一星服务员的基本工资作为 3 500 元，随着等级的增加，基本工资随之增加，二星服务员是 3 900 元，三星服务员是 4 300 元，四星服务员是 4 800 元，五星服务员是 5 300 元（见表 4.4）。

表 4.4 服务员基本工资浮动

岗位名称	星级	星级工资
服务员	五星服务员	5 300 元
	四星服务员	4 800 元
	三星服务员	4 300 元
	二星服务员	3 900 元
	一星服务员	3 500 元

1. 浮动差设计：10% ~ 15%

在这种激励制度下，每个等级增加工资的额度不是凭感觉定出来的，而是要经过新增收益与成本的测算。经我们多年的咨询经验来看，一般每一个级别的收入额度差会在 10% ~ 15%，如果低于 10%，对员工来讲基本上没有任何刺激效果，像挠痒痒，起不到很好的激励作用；如果高于 15%，企业支付成本就会上涨过快。

例如，某公司财务经理岗位，从一级到五级，基本工资晋级幅度是 12.5%，这就是一个典型的浮动差设计（见表 4.5）。

表 4.5 财务经理工资等级浮动设计

岗位名称	等级设定	等级名称	基本工资（元）
财务经理	五级（首席）	首席财务经理	16 000
	四级（资深）	资深财务经理	14 250
	三级（高级）	高级财务经理	11 250
	二级（中级）	中级财务经理	9 000
	一级（初级）	财务经理	8 000

2. 浮动时间：小步快跑大步慢跑

多长时间浮动一次呢？有一个原则就是，"小步快跑，大步慢跑"。对于基层来讲就是小步快跑，一般是 3 个月，最多不超过半年；对于中高层来讲就是大步慢跑，一般半年到一年。当然，这个并不是绝对值，晋级周期的长短取决于行业员工的流动频率，比如餐饮行业的服务员 3 个月是离职高峰期，那晋级周期就设为 3 个月。而财务经理的流动频率往往是 1 ~ 2 年，那么晋级频率就可以适当拉长一点（见表 4.6）。

表 4.6 晋级周期设计

岗位名称	离职频率	晋级频率
基层服务员	3 个月	3 个月
主管岗位	6 个月 ~ 1 年	6 个月
经理层岗位	1 ~ 2 年	1 ~ 1.5 年
总监岗位	1 ~ 3 年	1 ~ 1.5 年

有的企业家讲，这样周期性的晋升不是在为企业增加成本吗？并非如此，不是每个人都可以获得晋级，员工的每一次晋级都是有评估标准的，而且这个标准是对成本与收益的科学平衡，根据这个评估标准进行激励，能够尽可能地实现企业利益最大化。

三、评估标准浮动设计

一般来说，评估标准从两个维度进行设计：一个是业绩标准，另一个是能力标准。业绩标准和能力标准的导向取决于公司的经营策略，公司的经营策略对该岗位的期望和要求是什么，业绩和能力的标准就是什么。比如案例中的餐饮企业服务员，企业要求的是服务员服务好顾客，获得顾客的满意，从而回头消费。那么怎么去评估回头消费呢？大部分的服务企业都在用的一种方式是销售会员卡。会员卡销售不是硬性推销，而是服务员在服务的同时，多说一句："先生/女士，您好！您是我们的会员吗？"如果不是，就可以推荐他办理会员，享受会员优惠政策。服务员服务好的顾客越多，办理会员的就会越多。比如一星服务员，刚入门，对其不做会员卡销售的要求，但从二星到五星服务员，要求越来越高，分别要求销售额做到 5 000 元/月、10 000 元/月、20 000 元/月、40 000 元/月等。与此同时，能力标准也随等级的晋级而增加，采用技能大通关的方式，比如一星及格需要 60 分，二星至五星分别是 70 分、80 分、90 分、95 分（见表 4.7）。随着等级的提升，员工的技能提升了，服务的顾客越来越好了，企业的回头客多了，自然企业收益也就上去了，最终实现员工增收，企业增利。

表 4.7 服务员基本工资浮动制设计

星　　级	星级工资	评估标准	
		业绩：会员卡销售	能力：技能通关得分
五星服务员	5 300 元	≥ 40 000 元/月	≥ 95 分
四星服务员	4 800 元	≥ 30 000 元/月	≥ 90 分
三星服务员	4 300 元	≥ 20 000 元/月	≥ 80 分
二星服务员	3 900 元	≥ 10 000 元/月	≥ 70 分
一星服务员	3 500 元	不做要求	≥ 60 分

第三节 基本工资浮动化操作

> 基本工资浮动化设计，很多企业都在做，但关键是把它运转起来。一是政策告知，让员工知晓。尤其要明确等级晋级的标准和条件。二是信息收集，及时掌握员工的工作进展和工作成果。三是即时兑现，形成基本工资浮动化操作的闭环管理。四是通过持续的闭环推进，不断修正和迭代，形成企业的基层竞争力。

一、季度晋级晋升荣誉表彰大会

基本工资浮动化操作的落脚点是季度晋级晋升荣誉表彰大会。为何要以季度为一周期？为何要采取"晋级""晋升""荣誉表彰"的一体化操作？具体操作过程如何把控呢？经过多年实践，我总结如下。

1. 把控季度是高效竞争的节点

按照自然进度，日、周、月、季、半年、年，都可以作为管控与激励的节点。但对于不同企业而言，要想全公司运转高效，整体节点把控就非常重要。一般企业经营以年为周期，这是最普遍的。再高效一点，是季度，相当于一年转了四次。如果效率再高，就是月度，相当于一年转了12次。但是经营效率更高的是每周一转，比如优衣库，全球运转节奏是周，相当于一年转了52次，以至于索尼公司高管跳槽到优衣库就职，大为感慨："优衣库的效率比索尼公司高了不知多少倍。"当然还有企业提出"日事日毕，日清日高"，每天一转，一年 365 次周转，这是非常高的频率。实际上，几乎没有企业能做到。各位注意，我所说的并不是某个生产单元，或者生产线、班组等，而是整个集团公司的运转频率。从国内企业运转看，大部分企业是一年一转，每月总结，半年修正而已。

那么，为什么采取季度作为周期是合适的呢？有 3 个原因。第一，从一年一转，跨到一年 12 转，这个提速太高；如果改为"周运转"，一年 52 次运转，这对企业的管理基础支撑要求就更高了。频率过高，就好比给一个拖拉机安装了一个跑车的发动机，跑不了几圈，拖拉机就会散架。所以从跨度看，从一年一次，进阶到一年 4 次，这已经是比较高的要求了。第二，季度是员工离职频率的高峰期。现在企业员工结构年轻化，90 后、95 后步入职场，新生代员工的普遍诉求是"成长等不及、成功等不及、成名等不及"。如果 3 个月没有变化，大家就感觉工作太过平庸，没有兴趣和乐趣了。另外，从数据统计分析来看，员工离职周期缩短，工作不匹配、不吻合，可能都熬不到 3 个月就提出离职。第三，市场竞争节奏加快，从年度转换到季度，如果 3 个月没有推陈出新，就有可能被市场淘汰。要顺应这个节奏，就必须尽快调整企业的竞争周期和频率，让员工适应高速竞争时代的竞争频率。

2. 打出"晋级、晋升、荣誉表彰"组合拳

锁定季度周期后，要打出晋级、晋升、荣誉表彰组合拳，协调使用。首先，晋级晋升荣誉表彰覆盖面要把控，既不是"零星个别"，也不是"人人有份"，而是要有一个合适的比例。经过长期实践研究，建议每期晋级比例锁定在20% ~ 30%，晋升比例锁定在 10% 以内。这也基本符合 271 法则：20% 的人优秀，70% 的人一般，还有 10% 的人需要改进。比例过高，有"放水嫌疑"，或者是标准过低；比例过低，够也够不到，就会打击员工的积极性，让员工觉得公司的标准"高不可攀"。当然，这个数字只是个参考。实际过程中，既要把控比例，

还要考虑公司的发展速度。公司发展速度快，有大量分支机构要建立，人才供给跟不上企业需求，比例就可以适当扩大一些，通过提拔任用，在战斗中成长。如果公司发展速度慢，没有太多的空缺岗位，人才供给速度超越企业需求，比例就可以适当缩小一些。

其次，标准要反复论证。不是论资排辈，而是符合标准才能晋级晋升；不是靠关系或上级主管的印象，而是"成果导向，数字说话"，让晋级晋升成为达到标准后的"自动蹦高"机制设计。好比军队，从下等兵到上等兵，到四级军士长，到一级军士长，有一个清晰明确的发展通道。

最后，打造晋级、晋升、荣誉表彰的组合。晋级是"爵"，晋升是"官"，荣誉表彰是"对重大贡献的认可"，要有层层进阶的感觉，要让员工看到公司里面高手如云，能人辈出，人才济济的感觉，要把激励的周期压缩，频率提高，让人人都能打小胜仗，都能有不断进步和发展。

3. 场的设计很重要

季度晋级晋升表彰大会，场的设计很重要。一是形式隆重，这并不需要花多少钱，而是要做到意料之外，情理之中。比如现场的横幅标语，座位安排，进场之后的团队展示，等等。二是物质与精神并重，实际上荣誉感特别重要。好的激励，奖励一个人，带动千千万。怎么判断呢？颁奖大会时，不要看台上的人（获奖者肯定很激动），而要看台下的人激动不激动。我参加过很多企业的晋级晋升荣誉颁奖典礼，通常是台上激动不已（有的甚至台上也不激动），台下事不关己。通常的反馈是：关我们什么事？反正没我们的份，咱兄弟们喝酒。这就没有调动好员工。好的公司，台上热火朝天，台下也是激动不已，甚至比台上还激动，这种公司的场景是：台下坐的人，身体前倾，两手攥拳，两眼放"绿光"，心中在暗暗发誓："今年没获奖，明年一定要站在讲台上。"

怎么做到呢？且看看行动教育的做法。

行动教育每月都会评选一名全国销售冠军，只看一个指标：销售额。与其他企业冠军颁奖类似，也会颁发奖杯、证书、奖金。但在形式上做得更足，效果也完全不一样。

第一，很多企业发奖金是打到工资卡里或者发现金，作用非常有限，行动教育把它变成"限时购物"，颁奖当天下午 14:00—17:00，安排 3 小时进行限时购物，必须把钱（如奖金 1 万元）花出去，花不完的充公，多花的自己补齐。俗话说：钱花出去才是自己的，感受也更直接。

第二，把获奖感言变成经验分享传经送宝。这是要事前充分准备的，分享内容不是"感谢谁谁谁"这些正确的废话，而是要有干货，尤其是成功的经验和可以复制的操作，是其他伙伴可以从冠军身上学到的态度、能力、方法、技巧等，这对员工个人成长和业绩突破有巨大帮助。

第三，是把分享内容转化为内部慕课，上传到公司学习网站，让全体员工学习。由于每月都有一位销售精英分享，慕课上有过去历届月度、年度冠军的分享汇总，考察大家学习点击率的高低也是内部进行激励的方式之一。

第四，是与导师共进午餐。这不仅是荣誉，也不仅是例行公事，而是一场员工生涯规划午餐会。好比"巴菲特午餐会"，核心不在于吃，而在于交流。在午餐会上，获奖冠军可以寻求行动教育董事长李践导师或者其他导师的帮助，询问职业生涯发展中碰到的困惑，或者直接询问每位导师是如何规划自己的生涯发展的。大家都很珍惜这个难得的机会。而作为导师，有责任、有义务为伙伴解惑。反观很多公司，与董事长 /CEO 的午餐会多半是个形式，甚至有家公司的月度冠军和我分享："江老师，再也不想参加午餐会了，太严肃，太紧张了，心脏都快跳出来了。"事后调研发现，原来这家公司文化比较严谨，董事长也比较严肃，全程会餐中，大家只是例行公事，员工也怕说错话，过程很拘谨。大家都没有放开，可以想象这次午餐会对员工来说，有多么巨大的压力。

第五，邀请父母全程参与颁奖典礼，并安排上海旅游，入住五星级酒店。这既是让父母了解孩子在公司的工作状况、企业文化、领导和同事间的良好工作关系，又是让孩子"奖励"父母的一次极好机会。尤其到年底总冠军颁奖的时候，公司会邀请获奖员工父母、兄弟姐妹、爱人孩子等参加颁奖典礼，这些会议场所往往是国外旅游度假区。让更多家人走向世界去开拓视野，也是一次极好的亲情相聚和互动。因为平时大家工作太忙了，难得有时间陪家人。一年一度的颁奖典礼，既是收获成功的喜悦，又是学习的大好时机，更是与家人团聚享受亲情的美好时刻。如同华为老板任正非所说，员工工作赚钱，是为了养家糊口，让家人生活得更好一点，在辛苦工作的同时，享受天伦之乐，是人类最朴素、最真切的需求。

二、定期修正基本工资浮动化结构

现实生活中，房子建好了，需要定期修缮，一是为了避免房子出现结构性风险，二是为了住得舒适。基本工资体系也一样，每年都要进行定期修正。企业要把握修正的最佳时期，通常来看，每年一月是相对较好的时间，原因如下。

1. 恰逢年度经营盘点

上一个经营年度刚刚结束，企业可以借年度盘点的最好时机，对企业的经营效益、人工投入与产出、劳动生产率等进行总结分析，看看企业总体劳动成本投入，是带来更大的收益增长，还是出现持平甚至下降？

2. 修正组织架构，优化定岗定编

1月既是上一个经营年度的结束，也是一个新的经营年度的开始。新思路新想法，新战略新架构，必须对架构进行修正，对定岗定编进行优化。

海尔集团的发展史，就是一部战略和组织架构持续变更史。从最早的职能管理模式，到矩阵式管理，到倒三角模式，到人单合一自主经营

体模式，持续不断地进行组织架构调整和组织再造。最密集的时候，海尔曾经在三年内对组织架构进行了40多次调整。以至于对海尔人来说，变是常态，变已成为一种习惯，不变反而不正常。

对国际企业而言，战略变化后进行组织架构调整更是顺理成章之事。通用电气公司从韦尔奇时代开始，坚持数一数二战略，持续不断地进行公司兼并、收购、重组、撤销、合并、甩卖，架构调整非常频繁。蓝色巨人 IBM 公司，每年初战略确定后的第一件事，就是进行组织结构及岗位调整，以及人员的优化。

时代在发生巨大变化。全球一体化加剧，各种不确定性让变化成为一种常态。而且，变化频率加速，周期缩短，要求企业的应变力也要随之越来越强。今天的组织架构是一年一变，或者一年几变。组织架构每年的变动率将会达到10% ～ 30%。战略调整组织形态也要变化，二线一定要步入一线，一线一定要到达终端。

3. 在离职高峰期前进行介入，稳定和保留员工

按照离职周期和频率，每年过年前后是离职的高峰期。如果没有任何变动，员工看不到新的发展和希望，离职跳槽就会成为不二选择，尤其是基层员工。工资在 1 月进行修正，就可以在 2 月底 3 月初进行发布。此时会引发员工的期待，等到过完年回来，正好新的一轮调岗调薪、普遍工资调整等开始进行。此时，正好也是国家开始全国性范围内调整社保缴费基数的时机，公司调整做在前头，可避免出现被动应付的混乱局面。

这些就是基本工资浮动制操作的内容与注意事项，合理运用基本工资浮动制，能够帮助企业在日新月异的经济环境下，应变及时，有效管理，最终打造出一套适合自己的、高效科学的激励机制。

本章回顾

1. 基本工资刚性化增长的具体表现有以下几个方面：

（1）_____逐年提高。

（2）_____逐年提高。

（3）五险一金等社保费提高。

2. 现实中，大量企业对基本工资缺乏管理，表现在：

（1）对基本工资没有要求。

（2）对_____没有管理。

（3）基本工资不变动。

3. 设计基本工资浮动化的第一步是岗位等级浮动设计，这意味着企业设立双通道职位体系暨官爵制度；企业_____，_____；企业启用一种职位体系。

4. 设计基本工资浮动化的第二步是工资等级浮动设计，这包含了以下几点：

（1）浮动差设计：_____。

（2）浮动时间：_____。

（3）评估标准浮动设计。

5. 基本工资浮动化的操作包含以下内容：

（1）季度晋级晋升荣誉表彰大会。

（2）_____基本工资浮动化结构。

第五章

绩效工资差异化

我自小生活在农村，经历了改革开放后农村发生的巨大变化。家庭联产承包责任制实施后，"交足国家的，留足集体的，剩下都是自己的"，制度变革带来的是农民积极性的巨大提升。勤劳致富，打破大锅饭，只要你有能力，敢想敢干，你的收入就会和别人拉开巨大的差距。一时之间，每日茶余饭后人们谈论的话题都是谁家盖房了，谁家买摩托车，谁家成为万元户了。背后，人们把美慕之情转化而成持续奋斗的动力。

包产到户解放了劳动生产力，让老百姓的潜能得到发挥。同样在企业中，如何通过制度设计来深入挖掘员工潜能？通过什么样的绩效机制设计，来进一步提高人均劳效，提高企业竞争力？这正是本章要探讨的主题。

第一节 绩效工资不能变成形式

要激发员工潜能，就不得不谈绩效工资。如果说基本工资的作用是维持生活，那么绩效工资就是改善生活。如果说基本工资调动了广大基层员工的积极性，那么要想调动更多高层级的员工，比如核心员工和中高层管理者的积极性，就需要把绩效工资做好。在华为公司，新员工进入企业时会被告知：基本工资是用来喝茶的，要想住好的房子、开好的车子，就要从绩效工资中赚出来。

但在辅导上百家企业设计绩效后，我发现绩效工资普遍存在 3 个问题。

一、绩效工资占比低

如果说基本工资关注的是岗位上的技能，那么绩效工资关注更多的是结果和产出。如果说基本工资体现出保障性，那么绩效工资就体现出风险性——业绩好，绩效工资高；业绩不好，绩效工资低。如果说基本工资是为过去埋单，那么绩效工资是为当下和未来埋单。绩效工资占比低，实际体现出企业对员工劳动成果的要求程度不够。

某公司决定对质检部员工进行绩效考核，员工的基本工资为3 500元，拿出300元来做绩效考核，满分100分，进行扣减制，考核标准如表5.1所示。

表5.1 扣减制绩效考核

考评内容	考评比例	考评标准
质量控制	40%	1．做好外检物品的抽检或全检工作，确保质量无疑后方允许通过，未能做到的，扣1分/次 2．装配过程发现物料批次质量问题，每次扣3分，第三次起扣6分/次 3．因把关不严，导致问题物料入库，并引起与供应商之间的经济矛盾的，扣3～8分/次 4．其他因质量问题导致车间、采购或供应商投诉的，经确认后，扣2～5分/次 5．未出现使用质量问题或质量投诉的，奖5分/月 6．出现人情检或超权限擅自予以签字让步接收物品的，一经发现，扣20分/次 7．其他相关管理办法中所涉及的需由检验员承担的质量责任
质量信息	10%	1．对检验质量问题进行记录，并及时上报；未能做到的，扣0.5分/次 2．对检验质量问题进行统计汇总，明确问题重点和控制重点，未能做到的，扣1分/次
工作量	20%	1．集成和烟机各以1 800台为基准产量 2．每高于基准产量100台加1分，每低于基准产量100台扣1分 3．考评产量以当月组装车间的入库成品数量为准 4．基准产量由公司每半年根据实际生产情况和目标产值进行适当调整 5．其他额外工作的付出，由主管根据实际情况予以适当考虑

考评内容	考评比例	考评标准
工作态度	30%	1. 遵守公司各项规章制度，服从品管部工作安排，未能做到的，扣 1 ~ 10 分 / 月 2. 认真完成公司或上司要求的各项月度要求，如资料整理、制度完善等，未完成的，扣 0.5 分 / 项 3. 以服务的心态对待检验工作，如因个人态度问题受到相关部门和员工投诉的，扣 1 分 / 次 4. 当月有迟到、早退、缺勤扣 1 分 / 次，无此现象可予以 5 分的奖励

实际结果是：每个月员工自己给自己打100分，主管象征性地扣减2~3分，每分是一元，也就扣减2~3元。这哪里是绩效，这是儿戏！绩效占比非常低，几乎没有任何价值。

这种情况在很多企业是非常普遍的，尤其是财务、人力、行政、办公室、法务、审计等二线部门，由于业绩贡献难以量化，绩效占比普遍较低。

比如一家公司对其财务部进行绩效考核，一般员工拿出 1 000 元，主管拿出 2 000 元作为绩效工资，占员工工资比例的 5% ~ 10%。

某餐饮企业考核其店面服务员，因员工基本工资本较低，如果再从工资中抽取一部分作为绩效工资，员工会大量流失。企业讨论决定，给每人多补贴 300 元作为绩效工资，月度考核后发放。

以上情况，比比皆是。

绩效工资占比过低，会导致以下问题：

◎ 员工潜能得不到发挥。

◎ 业绩成果得不到保障。

◎ 企业缺乏市场竞争力。

对此，我们可以参照管理大师德鲁克的观点：一家企业，当固定部分占比高于 70%，浮动部分占比少于 30%，这家企业经营已经存在问题。

二、绩效工资差距小

某食品连锁企业有 200 多家分公司，由于市场不均衡，各地区差异较大，最好的区域能做几亿元，差的地区只有几百万元，从大象到蚂蚁，各级别都有。公司基于一体化管理需要，所有区域负责人都由总部派出，且定期轮换。为了减少跨区域调动的难度，尤其是让做得好的区域负责人愿意换到其他区域，比如新开拓、竞争非常激烈、啃硬骨头的区域等，需要保证各区域负责人之间薪资差异不大，年薪最高者与最低者只差几万元。同时，又要做到年底奖金和目标达成率有关，所以设置了最高 130% 封顶，最低 70% 保底的绩效标准。

假如当年目标销售额是 3 000 万元，对应奖金 10 万元，那就是做到 3 900 万元封顶，最高奖金就是 13 万元。即使做到 4 500 万元，达成率是 150%，奖金也是 13 万元。这个规定导致绝大多数区域都只做到 130% 多一点，因为再多做也没有更多的收益。

有一年的 11 月底，我到该公司的一线市场进行调研时，发现很多商场都卖断货了，却也没看到导购员补货，而各分公司经理则悠闲地在办公室喝茶。这种情况发生的原因，就是对员工来说，今年的任务完成了，多做也没收益，还不如为来年留点余量。

绩效拉不开差距，还会出现干多干少一个样。甚至会有负面反应，这就是懒人"带坏"勤快人。假如有甲、乙两名员工，工资是 3 500 元 / 月，甲干活勤快，月干活 2 000 件。乙干活少，月活 1 000 件。现实行绩效机制，甲拿到了 3 800 元，乙还是 3 500 元，差距为 300 元。甲乙盘算各自的投入产出比：

甲：3 800 元 /2 000 件 =1.9 元 / 件

乙：3 500 元 /1 000 件 =3.5 元 / 件

乙的工件计价明显高于甲，甲心里盘算自己吃亏了。如果这种情况没有改善，继续持续下去的后果是什么呢？

甲逐步减少其工作产出，从 2 000 件，减少到 1 500 件，再减少到 1 200 件，这个时候其工价是 3 800/1 200=3.16（元 / 件），甲的心理开始平衡了。

那么这种变化对企业有什么影响呢？

很明显，懒人"带坏"勤快人，劣币驱逐良币。企业整体产出从 3 000 件，降到了 2 200 件。这就是绩效工资差距小，会给企业带来的负面影响。

三、绩效操作复杂

理解这一点前，我们先来看两个案例。

A：某大型国有企业，在学习了德鲁克关于企业目标的八个论述后，制定了八大类四十多项考核指标（包括销售类指标、创新指标、人力资源指标、财务资源指标、生产力指标、设备贡献指标、利润类指标、社会责任类指标），数据收集涉及十几个部门，每年绩效考核一次，前前后后忙活一个多月。但年度绩效考核太过滞后，老板想把绩效从年度提到月度，但一年一次都快累死人，如果变成月度，员工岂不是要崩溃？

B：某民营企业学习了平衡计分卡理念，感觉系统平衡的思路非常好，遂在公司全面导入平衡计分卡，从公司到部门到岗位到员工。但困惑也随之而生，平衡计分卡有四大类绩效指标，包括财务指标、客户指标、内部运营管理指标、学习成长指标，每个部门绩效指标平均有十四五个，如果再分解到岗位，每个月考核指标多达上百个，这样操作岂不是累死人？

像案例中这样的企业，按照形而上、大而全的绩效管理思路走，最终却很有可能走上"不归路"。对企业经营来说，绩效指标过多，将会带来四大管理问题：指标过多管理失去重心，数据收集成本过高，无法引导员工行为，管理成为经营的累赘。

1. 指标过多管理失去重心

小时候，家长希望孩子"德智体美劳全面发展"，这是一个良好的愿望。但孩子长大后却发现，想出人头地，要做到"一招鲜吃遍天""只有偏执狂才能生存"。企业经营也是如此，绩效指标覆盖面过全，结果却往往是什么都得不到。

在绩效增长模式课程上，我经常会分享一家公司考核其叉车司机的案例。从工作态度、工作能力、制度要求、人际关系、操作过程、绩效成果等方面，该公司对其叉车司机的考核指标居然多达18个。问及为何设置这么多指标，该公司管理层回复我："这些都是实际工作过程中发现的问题，都是大家一条一条提建议讨论出来的。"

原来如此，这就好比七大姑八大姨讨论一个孩子的成长，有的说"身体瘦了，要多吃点肉"，有的说"要多补钙"，有的说"这个阶段孩子最容易缺锌，要补锌"，有的说"要补充维生素"，有的说"要多补充铁元素"，如果每条建议都采纳，那么要给孩子专门开一个药店才行。医生是绝不会这么做的，在全面检查了孩子的身体后，医生可能只说一句话："身体素质偏弱，回去多锻炼。"

企业指标过多，就好比给孩子提建议，指标越多管理越失去重心，导致根本不知道要抓哪个重点。而这些状况反映出的是对企业缺乏深入的了解和分析，是没有找到管理规律。

2. 数据收集成本过高

指标越多，需要收集的数据也会越多。关于指标的数据收集，有3个问题：

一是无法量化的指标要有量化的评估流程。比如考核"策划文案质量"，要么采取满意度考核，要么对文案质量进行可量化定义，无论怎么做，这都需要一个建构模型、收集数据的过程。二是对复合型指标要明确进行定义。比如"产品一次合格率"，要进行清晰明确的定义：什么是一次合格率。如果某个产品要经过四道工序，第一道工序合格率是 95%，第二道工序是 93%，第三道工序是 90%，第四道工序是 85%，请问一次合格率是多少？有人不假思索就会说是 85%。这不一定，要看该指标如何界定。如果每道工序的合格率也是一次合格率，那么最终结果是 85%；如果不是，那这个数字就无从算起了。三是要明确指标的收集与审核流程，确保数据的准确性。我问过很多管理层：如何保证数据的准确性？答案都难以让人信服。除非是机器自动统计，否则，一旦有人为干预，就很难保证数据的精准性。

由于以上 3 个原因，指标变得越来越多，甚至越来越复杂，而收集数据的成本也越来越高。比如公司考核 10 个部门，每个月一次，每个部门 20 个指标，其数据收集会达到 20×12×10=2 400（个），再加上审核、汇总两道工序，数据的收集、复查达到 7 200 次。对于很多数据靠手工统计的企业来说，这真是一个噩梦。

3. 无法引导员工行为

指标过多、过于复杂，很难有效地引导员工行为。原因有 3 个：第一个原因是指标过多，员工关注点过多。这叫好比马戏团里面的小丑玩球，如果给他 3 个球，他能玩很长时间；如果给他 5 个球，他也能玩一段时间；但如果给他 10 个球，他最多玩 10 秒钟，一旦超过时间，球肯定会一个一个掉在地上。为什么呢？因为聚焦注意力太难了。绩效指标也是这样，数量越多，对员工的平衡能力要求越高。

第二个原因是指标多，员工容易钻空子。假如一家企业对一个部门有 25 项指标的考核，最小的指标只有 2% 的权重，这种情况下，部门经理如何应对？曾有一位经理告诉我，反正"虱子多了不痒"，考核那么多也无所谓，大不了几个指标不要了，反正也扣不了几个百分点。

第三个原因是数据造假也难以核查出来了，为什么呢？因为成本太高。

因此，绩效指标过多、过于复杂，是很难甚至无法有效引导员工行为的。

4. 管理成为经营的累赘

如何衡量管理的有效性？要看其是否促进了企业经营，带来了更有效率的绩效产出。如果指标过多，过于复杂，绩效管理成本过高，超过管理收益时，管理就会变成经营的累赘。对于民营企业家来说，要落地绩效管理，但要防止过度管理，更要当心照搬照抄先进企业的绩效管理。

基础不扎实、数据不健全、管理很粗放的时代，你可以借鉴平衡计分卡的思维，但是如果简单套用，就好比你是一个 5 岁的孩子，现在让你去学习一个 20 岁成年人，其结局不言自明。先进工具和方法是好，但一定要适于自己，匹配才是最关键的。

第二节 绩效工资差异化设计

绩效工资差异化，本质是打破平均主义，造就强者基因。贪图安逸者、不思进取者、能力不够者、害怕竞争者，不敢拉开差距，也不愿意拉开差距。因为差距是一种竞争压力。在非洲大草原上，每当朝阳初升，狮子妈妈就会告诉小狮子："孩子，你必须努力奔跑，如果跑不过最慢的羚羊，你就会饿死。"羚羊的妈妈也会告诉自己孩子："孩子，你必须全力奔跑，如果你跑不过最快的狮子，你就会被吃掉。"这就是市场竞争法则，企业如果被没有斗志、不愿竞争的员工绑架，就会在竞争道路上万劫不复。

机制造就强者，强者打造超越对手的产品和服务，赢得市场竞争。市场给企业设置跑道，企业必须全力以赴，与对手拉开差距；企业也要给员工设置跑道，让有意愿、能力强、竞争力强的员工脱颖而出，与弱者拉开差距。为此，需要做到绩效工资差异化设计。

一、工资结构差异化

在阐述这一观点之前，我们先来看一个案例。

某农资集团高薪聘请了一名职业经理人担任CEO，年薪80万元，但对于80万元年薪如何发放，双方并没有谈拢。职业经理人认为，80万元是固定工资，分到每个月发放6.7万元，如果年底做得好，还应该有额外的绩效工资。老板认为，80万元是年薪，包含两部分：固定工资50万元，绩效工资30万元；固定工资每月发，绩效工资看业绩，到年底发放，完成目标发放30万元，完不成只能发20万元，如果做得好，还可以多发。双方就此问题意见不一，僵持不下。

现在问题来了：

1）如果你是职业经理人，你想要什么样的薪酬结构？

2）如果你是老板，你希望使用什么样的薪酬结构？

3）站在第三方角度，你怎么看待这个问题？如果该职业经理人不同意，怎么办？

在具体探讨这个问题之前，我们先理清楚一个基本概念：年薪制。这些年，大量公司对外招聘都采用年薪制。比如财务经理年薪 30 万元，人力资源总监年薪 50 万元，总经理年薪 80 万元。那么这个年薪制是固定工资，只要来上班就必须给吗？如果不是，那么固定年薪占比是多少，绩效年薪占比是多少？设计的原理和理论依据又是什么？

1. 年薪制 = 基本年薪 + 绩效年薪

从国际通行惯例来看，年薪制一般设定为基本年薪和绩效年薪两个部分。其中，基本年薪是固定部分，每个月固定发放，是没有风险性的；绩效年薪是考核发放，与业绩等绩效指标挂钩，多劳多得、少劳少得、不劳不得，是有一定风险的。换言之：给总经理年薪 80 万元，是有绩效要求的。这是一个通行法则，也是职业经理人必须理解和遵守的契约精神。市场经济的本质是交换法则，一分价钱一分货，价值决定价格。

2. 基本工资和绩效工资的比例

既然年薪制包含基本工资和绩效工资两部分，那么到底两者占比多少合适呢？是 10：0，全部是基本工资；还是 0：10，全部是绩效工资；还是各占一半？

首先，我们来看下基本工资和绩效工资背后的含义。基本工资即固定工资，无论市场好坏、收成好坏都有，旱涝保收无风险。绩效工资是浮动工资，业绩好收入高，业绩差收入低，要看努力程度和业绩高低，风险与收益并存（见表 5.2）。

表 5.2　基本工资和绩效工资占比及风险

基本	0	1	2	3	4	5	6	7	8	9	10	无风险
绩效	10	9	8	7	6	5	4	3	2	1	0	有风险

高风险————————————————————————➤低风险

根据不同的占比，具体可以分为 5 种情况。

◎ 第一种是 0：10，基本工资为 0，员工的工资全部是绩效工资。这种情况有没有呢？有，很多企业实行 0 底薪，工资全部按照提成计算，比如安利的合伙人制度。安利在全球有几百万名合伙人，都没有底薪，只有卖出产品才有提成。不过，这里面有个问题各位要特别关注：安利的合伙人不是员工。如果是员工而采取这种方式，可能面临一定的法律风险。还有一种情况是老板，比如比尔·盖茨说自己拿 1 元年薪，那是意思意思，其实更多是从业绩产出里要回报。其实，所有老板都是这个模式。如果市场不好，产品卖不出去，那就只能是 0。

在讲"绩效增长模式"课时，我曾经提过这样一个案例：有一个农民，以前是给别人打工，干得好不好，雇主都会给他基本工资。后来他自己承包了一片地种西瓜，成为农场主。在自己的辛勤努力下，西瓜长势不错，眼看一个人忙不过来，于是他雇了几个人手帮忙，按天支付工资。但天有不测风云，在西瓜快上市之前，突然遭遇一场罕见的冰雹，把西瓜打得稀巴烂。农场主前功尽弃，分文未得。这个时候，他没法向市场和客户哭诉，请求别人给他点补偿。他只能责怪命运的不公，忍着痛苦重拾旧山河。

◎ 第二种是 1：9/2：8/3：7，低底薪高绩效模式。形象点说，这是一种狼性模式。基本工资有一点，但只是让你饿不死，甚至连温饱问题都解决不了，要想吃饱饭，或者改善生活，你必须绩效好。这就好比主人圈养的鱼鹰、猎狗，平时有点吃的，饿不死，但要保持饥饿感，等到捕猎时，猎得多才能吃得多。

◎ 第三种是 4：6/5：5/6：4，这种模式为中底薪、中绩效，中规中矩。

◎ 第四种是 7：3/8：2/9：1，这是高底薪、低绩效模式。这就是家狗，基本工资多，绩效部分少。在什么情况下会如此呢？主要靠系统、次要靠个人的时候，比如靠品牌销售时，可能采取高底薪低绩效模式。例如，卖宝马、奔驰，卖波音飞机等业务员，可能更多的就是采用高底薪低绩效模式。

◎ 第五种是 10：0，绩效是 0，全部是基本工资。这种情况很糟糕，固定

工资养懒人，长此以往，会出现干多干少一个样，干好干坏一个样，干
与不干一个样，业务类岗位不适合采用这种模式。

其次，企业的文化不同，职位特点不同，风险意识不同，就会有不同的比
例结构。

第一个规律是越往高层，绩效占比越高，基本工资占比越低。比如大部分
企业家都是 0 ∶ 10 结构，固定工资几乎为 0，全部是绩效工资。对这些企业家
来说，给不给自己发工资，给自己发多少基本工资，那是意思意思，真正赚钱是
从业绩产出中来。对公司高管层来说，基本工资和绩效工资占比可能是 1 ∶ 9，
2 ∶ 8，比如 120 万元年薪，月薪 10 万元，基本工资是 1 万元，另外 9 万元看绩
效，业绩好，绩效工资可能超过 9 万元，达到 10 万元、15 万元。业绩不好，绩
效工资可能只有 8 万元、7 万元。

第二个规律是越往基层，基本占比越高，绩效占比越低。最低结构是
10 ∶ 0，全部固定，但这种模式如果长期不动，容易造成"干多干少一个样，干
好干坏一个样，干与不干一个样"，绩效管理对员工的激励作用很微弱，一般不
建议使用。9 ∶ 1，即基本占比是 9，绩效占比是 1，作用不大，也不建议使用。
8 ∶ 2，有一定效果。但我在企业辅导时，一般会锁定在 7 ∶ 3 以上。

第三个规律是一线绩效占比高，基本占比低；二线基本占比高，绩效占比低。
所谓一线，一般指销售、生产、采购、研发、仓储、物流等直接创造收入和利润
的部门；二线一般指财物、人事、行政，办公室、法务、审计等部门。比如二线
工资结构是 7 ∶ 3、6 ∶ 4，一线可能是 4 ∶ 6、3 ∶ 7。这样的结构是匹配不同
岗位性质特点的，对于直接创造效益的部门，绩效占比高；对于非直接创造效益
的部门，基本占比高。

二、目标设计差异化

薪资结构确定后，要激励员工，目标设计显得尤为重要。前方冲锋陷阵，

后方储运粮草，各司其职。

从绩效角度看，什么是目标呢？用一个公式表达：目标＝指标＋目标值＋时间点＋责任人。目标设置差异化，主要体现在两个方面：指标差异化、目标值差异化。

1. 指标设计差异化

从企业层面看，指标是把战略转化为行动的重要媒介，不同战略选择，会有不同的绩效指标引导。比如同样是连锁服装经营机构，第一家企业的战略是快速布局三四线城市，抢占市场份额，那么对它而言，新开门店的数量和质量就是非常重要的绩效指标；而第二家企业的战略是夯实单店经营能力，提高单店盈利水平，而非快速抢占市场，那么单店经营业绩提升是其重要的绩效指标。

即使是对同一家企业，不同发展阶段，战略定位和策略选择不一样，目标设置也不一样。比如对新开门店，要求快速实现业绩增长，提高市场份额；对老店，要求稳健运营提高效率，实现最大化的利润回报；对下水店（快速甩库存的门店，比如奥特莱斯就是品牌服装的下水店），要求的是库存品的快速处理，现金流回收最重要；而对于品牌旗舰店，更多是品牌形象展示。

企业经营，必须明确其战略选择和策略打法。如果这一点不明确，照搬照抄别人就是死路一条。比如吉利汽车4S店的经营，就很难照搬宝马、奔驰的经营模式。同样搞一场活动，宝马、奔驰的方式和吉利、奇瑞的方式也是大不相同。

能力、水平和现状有差异，也要求指标设置具有差异化。好比给学生出考试题，小学生刚开始学习加减乘除，进阶到初中学习几何，进阶到高中学习代数，大学开始学习微积分、高等数学等。假如现在你给小学生出考试题目，你考他们微积分，肯定是不合适的。企业设置指标不合理，强行考核，结果往往是两手一摊，根本做不到。

在企业绩效管理过程中，道理也是如此。以财务部为例，我看到很多企业对财务部的考核指标是利润率。我就会问它们，这个指标是怎么来的？大部分企业会告诉我，是从某个标杆企业学习过来的。它们考核财务部，这个指标要求财务控制企业利润率，而且做得很好。我说，人家做得好，不代表你也一定能做好；人家可以考核这个指标，不代表它也一定适合你的企业。

接下来，我对该企业财务部进行了访谈，实际结果让人大吃一惊。财务部的员工告诉我，老板要求考核财务部利润率，但是企业当前的财务基础非常薄弱，基本的会计核算不及时、不准确，全面预算管理制度也没有建立，财务部在企业地位很低，无法控制利润率，甚至很多费用的使用和批复，都是老板一言堂。我就问他们，这种情况下考核你们利润率，你们怎么做呢？结果财务部的员工两手一摊：我们也不知道。

这就是典型的能力水平差异，用大学生的标准去考核小学生。类似情况非常多，比如考核人力资源部的人均劳效，但人力资源部连绩效考核都没有；考核行政部执行效率提升，但行政部连会议规范都没有建立，等等。不切实际的要求，让员工无所适从。因此，企业进行考核管理，应根据员工能力的不同，对指标进行差异化设置。方向要对，同时要适应实际情况，不同阶段采取不同的考核标准。

2. 目标值设置差异化

目标值的设置非常重要。假如有一家企业，2017 年销售收入 1 亿元，比 2016 年增长了 30%，那么，2018 年的目标值应该是 1.3 亿元、1.5 亿元，还是 1.8 亿元？有的企业秉承的理念是"昨天的最高标准是今天的最低要求"。这种方式有一定的挑战，但会不会出现鞭打快牛现象呢？而且，行业增长率是不一样的，有些行业比如传统餐饮企业，在不开新店的情况下，老店每年能够保持 5% 的增长就很了不起了；但在某些行业比如环保，每年翻 3 番都有可能；而某些行业，如水泥，要求去产能、去库存，行业可能是稳定不变甚至是负向增长。

目标值设置的差异，要体现出能力差异化。在一个高手眼里，再高的目标也是低目标；在一个低手眼里，再低的目标也是高目标。对于姚明来说，蹦到 2.5 米易如反掌，但对于一般人来说，够到 2.5 米要花费很大力气，这就是能力水平的差异。

三、绩效收入差异化

中国人民大学文跃然教授在谈到组织绩效时有这样一番见解："企业的成果产生于对客户需要的满足而不是来自内部管理，以人为中心的绩效是最低的绩效，以方法为中心的绩效是大绩效。"对此，他有一个很形象的比喻，认为不同层次的绩效改进与带来组织绩效提升效果的比例关系应该是这样的：

◎ 辛苦绩效 1 ：1。

◎ 流程绩效 1 ：10。

◎ 领导绩效 1 ：100。

◎ 创新绩效 1 ：1 000。

这实际上就是对价值创造差异化的解读。

在农耕时代，人与人之间的差异更多表现为体力上的差距。同样是 20 岁的青年，一个可以挑 120 斤的担子，一个可以挑到 150 斤，最厉害的可能挑到 200 斤。体力间的差距，可能是 1 ~ 2 倍。这个绩效就是辛苦绩效。现在，可能一家家纺制造企业里的车间工人每天平均产出 4 套，月收入 4 000 元左右，但最好的员工是每天 8 套，月收入是 8 000 元左右，绩效高低差距比是一倍。

工业化时代，人力和机器比较，就有十倍乃至百倍的差距。通过自动化，某食品加工企业人数减少 500 人，产出效率提高了 3 ~ 5 倍，而且可以实现 24 小时连续不间断生产；某服装企业采用智能化模式，大量替代人工作业；上海洋山深水港三期工程，现场全部采取无人驾驶，同等规模情况下节约了大量成本。

在人工智能时代，脑力的差距，可能是百倍乃至千倍万倍的差距。特斯拉创始人马斯克，不但造车，而且造火箭。运用第一性原理和颠覆性思维，其所造出的"猎重"火箭预计报价仅为 1 亿美元左右，大大低于德尔塔 4 重型火箭 4.35 亿美元的发射均价。在运力比德尔塔 4 重型火箭多出 128% 的同时，价格却仅仅是它的 23%！这就是智慧创造出的价值，创新绩效的差距可能不止是 1∶10、1∶100，而是可以达到 1∶1 000、1∶10 000。

综上所述，既然不同个体之间的绩效有差异，那么把根据绩效得来的收入做出差异化，才是更符合实际情况的做法。

第三节　绩效工资差异化操作

绩效被视为 21 世纪最难的一个管理问题。这是因为，对各家企业而言，不同行业、不同企业，乃至不同企业的不同阶段，同一企业的不同部门，甚至同一部门的不同岗位，同一岗位的不同人员，企业绩效机制设计可能是差异化的。这就是一企一策、一区一策、一时一策甚至一人一策的原因。在绩效机制的设置方面，很难完全照搬照抄某一企业的做法。

一、价值创造排序

基于价值创造差异化的理论，在"绩效增长模式"课堂上，我经常会提出这样一个问题：假如在企业内部进行价值创造排序，你会把哪个部门放在第一位？

大多数企业家的回答是销售部。这个回答对不对呢？其实是错误的。

在今天市场供过于求、竞争极度激烈的大趋势下，订单为王，谁销售能力强，谁能拿到订单，谁就获胜。所以绝大多数企业都会在前端销售上下血本，打折促销返利、三级分销、合伙制、股权激励等各种手段，无所不用其极。但事实上，在大多数情况下，企业都陷入了红海竞争当中。

"销售保交期，生产拿订单。"稻盛和夫用这句话解释了供过于求时代背景下竞争的本质。如果产品同质化，企业之间拼的其实是价格，那么就要看销售的"三寸不烂之舌"，看谁巧舌如簧打动顾客。但如果生产出的产品有足够的差异化，或者"品质十倍好，价格最优化"，产品本身就会说话，因此产品本身就是销售。好比华为生产出的产品，只要投入市场，就会有大批粉丝购买。所以，在这类企业里，第一创造价值部门其实是研发和生产。

在什么样的企业，采购是第一价值创造部门呢？相信你已经猜到了，服装零售、快销品、水果批发等企业。对于它们来说，最重要的事情是以最低价格、最快速度，采购到最优品质、最好销售的产品，这是这类企业的核心竞争力。

在什么样的企业，物流是第一价值创造部门呢？快递企业。如果你前一天晚上下订单，第二天早上 6:00 就有快递敲你家的门，你会惊叹速度如此快！这就是物流企业的竞争力。这也是为什么中国邮政、EMS 等巨头，面临着巨大生存压力的原因。

在什么样的企业，财务是第一价值创造部门呢？很多人会想到，基金公司、投资公司、金融公司……

在什么样的企业，人力资源是第一价值创造部门呢？猎头公司……

分析了这么多，我想表达的是：不同行业，不同企业，不同模式下，企业内部的价值创造的流程是不一样的，各个部门的价值排序也是不一样的。甚至随着产业的更替，同一企业在不同发展阶段，价值创造排序也是不一样的。比如发达国家，在工业革命初期，生产创造了巨大价值；但是当全球制造兴起时，它们把低端制造甩给了发展中国家，转而进行研发、设计和品牌打造；当发展中国家也在开始进行设计和品牌建设时，它们反而在全球布局，锁定全球人才和资金，开始打金融战；等发展中国家意识到金融的重要性之后，它们又在重新制定规则。价值创造的顺序永远是在变化的，这也推动着竞争不断走向更高维度。

二、寻找利润增长点

如果把运营比作爬山，那么战略就是选择山头。运营要求效率，战略要求效益。运营绩效是寻找利润增长点，挤压出更多的利润。战略绩效定位是寻找下一座利润山头，抢占下一个利润洼地。

有一家电线电缆生产企业，这两年经营得非常痛苦。销售端陷入价格战，不断采取打折、促销、返利等手段刺激消费者；生产端产品同质化；采购端受制于铜料价格波动，市场难以预测，企业毛利润率和净利润率双向走低。其实，这是企业的战略端出了问题，而不是执行端。为什么这么说呢？因为企业的利润山头在持续缩减。这也是竞争的必然结果：从高毛利，到低毛利，再到微利。

而寻找下一座利润山头的方法，目前可以有 4 种：一是强身健体苦练内功，品质足够好，价格足够低，获得比对手更大的内在竞争优势；二是深入客户的心智定位，强调差异化和独一无二的心智定位，获得超越对手的品牌溢价和市场份额；三是构建生态共同体，打通产业价值链条，形成竞争力护城河；四是运用第一性原理，直接颠覆，如特斯拉创始人埃隆·马斯克，颠覆了电动车行业和航空航天火箭业。

实际上，无论采取哪种形式，关注战略绩效所获得的回报都远远大于运营绩效。方向选对了，就不怕路远。关注战略绩效，寻找下一座利润山头，应该是企业高管层一直要思考的。高管层每天睡觉前要问 3 个问题，第一个问题：今天的利润率下滑了吗？第二个问题：明天的山头在哪里？第三个问题：当下我们马上要做什么？战略问题不是一年一次，不是一季度一次，而是每天要思考的。

企业每天都会出现各种各样的问题，我去企业做绩效辅导时，经常有老板跟我抱怨，说下面的人做事情太差劲了，天天出问题。每次我听完都会对他们说："好事。"这些老板就不理解了，出问题还好啊？我跟他说："你把问题解决了，企业的利润不是就上来了吗？生产出问题了，就把生产抓上去，增加的那一部分产量都是增加的利润；质量出问题了，就把质量搞上去，减少的那一部分废品也都是利润；浪费严重，就想办法杜绝浪费，省下的那一部分钱不都是利润吗？"

我去一家生产白酒的企业做绩效辅导时，生产部的负责人跟我说，他们又不是搞销售的，找不到利润增长点。

我经过考察分析，发现该企业的酒瓶合格率老是徘徊在86%，生产出来的废品为企业增加了1 000万元的成本。这是生产部最大的问题。基于这个问题，在我的指导下，生产部将KPI定为将酒瓶合格率提高10个百分点。同时还出台了一项政策：节省下来的钱，拿出30%作为员工的绩效奖励。

这个举措一出，相关员工欢呼雀跃，工作积极性大增。当年就为企业增加了几百万元的收入，员工收入也大大增加，企业和员工实现了双赢。

由此可见，企业最怕的不是出问题，而是根本看不见问题，或者看见了问题也不去解决，而是拼命去掩盖。反而忽视了：问题同时也都是机遇，问题点就是需求点，需求点就是利润增长点。

需求点就是利润增长点，包括两个方面：对于一线部门来说，顾客的需求就是利润增长点；对于二线部门来说，一线部门的需求就是利润增长点。一线部门要以"满足客户需要"为出发点来制定目标，二线部门以"满足一线部门需要，服务好一线部门"为出发点来制定目标。

三、三步操作绩效方案

通过奖金式绩效激活二线部门的核心，要用到 3 句话：第一，干什么？第二，干好或干坏的标准是什么？第三，干好干坏的说法是什么？

例如，一个财务经理年薪 24 万元，月薪 2 万元，那基本工资和绩效工资的比例如何设计呢？如果基本工资高于 70%，绩效工资低于 30%，那么对这个财务经理来说，工资起不了多少激励作用。我们假定把基本工资和绩效工资的占比设定为 7：3，那就是基本工资 14 000 元，每月固定发；6 000 元为绩效基数，做好了可能变成 7 000 元或 8 000 元甚至更多，做不好可能是三四千元，甚至没有。那么接下来我们就来设计 3 个问题：干什么？干好干坏的标准是什么？干好干坏的说法是什么？用这 3 个问题来激活财务经理。

1. 干什么

有人说，干什么还不容易吗？不就是基本工作职责吗？考核不就考核岗位职责吗？错了，做好岗位职责分内的事情，基本工资已经兑付了，绩效工资里再考核一遍等同于白给。在绩效工资里我们所指的干什么，是希望他能多创造价值，而多创造价值就取决于公司的经营策略。

我们可以通过多快好省法寻找利润增长点（详情见江竹兵老师"绩效增长模式"课程）。

经过一番挖掘，我们发现财务部有三大核心增长点。

A．原来每月7日出财务报表，但现在觉得还不够，无法对市场做出快速反应，竞争力缺失。因此，需要通过财务数据链拉升公司的决策流，加强公司的快速决策判断能力，快速反映市场，提升竞争力。所以，第一个增长点就是"快"，报表及时准确，从每月7日出提前到每月3日出，并且保证零差错。

B．公司的费用管控力度还不够，在费用方面还有很多压缩空间。因此，需要在不卡员工费用的基础上，通过优化管理，使预算目标再下降5个点。所以，第二个增长点是"省"，把费用预算下降5%。

C．原来财务仅仅是做做报表，现在希望能每月提交一次经营决策分析报告，提出经营决策建议，比如哪个产品赚钱，我们应该加强销售；哪个产品亏钱，我们应该少卖或砍掉。所以，第三个增长点是"好"，每月7日提供一份经营分析报告。

综上所述，公司财务部的经营策略顺序为"快、省、好"，根据重要性，确定其权重分别为50%、30%、20%。

按照这样的方法进行梳理，设定绩效方案的第一步"干什么"就有了答案。

2．干好干坏的标准是什么

这一步，我们可以根据 ABC 标准进行界定，A 为优秀，B 为良好，C 为待改进。ABC 标准界定取决于公司经营母盘的支撑，而这个 ABC 标准高低的参考就是经营母盘，通过三看定三杆的方式，看历史数据定保底目标，对标 C 标准；看标杆数据定合理目标，对标 B 标准；看战略定挑战目标，对标 A 标准。

但是，在大量的民营企业里缺少经营母盘，需要先通过三上三下兵棋推演（详情见江竹兵老师"绩效增长模式"课程），构建企业的经营母盘。有了经营母盘作为对标标准，再逐步提升。例如，我们根据该企业的经营母盘确定该岗位的 ABC 标准（见表5.3）。

表 5.3 岗位考核 ABC 标准

干什么	干好干坏的标准		
快：报表及时零差错	2 日提交零差错	3 日提交零差错	4 日提交零差错
省：预算控制下降 5%	下降 ≥ 6%	下降 ≥ 5%	下降 ≥ 4%
好：一份经营分析报告	2/3 以上通过	1/2 以上通过	低于 1/2
备注：一份经营分析报告在每月经营分析会议上集体评议其是否有价值			

3. 干好干坏的说法是什么

这一步是要把 ABC 的标准与绩效工资挂钩，优秀有什么说法，良好有什么说法，待改进有什么说法。与绩效工资挂钩有两种挂法：一是直接挂，二是打分模式。打分模式可能导致企业出现人情世故方面的纠葛，推荐使用直接挂的方式，既简单又清晰。

一般绩效工资的考核标准为 B 的标准，A 在原有绩效工资的基础上增加，C 则减少。如果是因为态度问题而非能力问题导致不达标，可以直接归零，例如，不提交经营报告，此项绩效工资即为零。A 与 C 的最终所得绩效工资差距不应低于 30%，毕竟落差过小，将起不到撬动作用。

具体挂钩多少，还需要结合公司的薪酬预算母盘和行业的人工成本结构，由精算师进行测算（见表 5.4）：

◎ 所有岗位得 A 加在一起的薪酬预算，与公司达成挑战目标所能支付的人工成本相对应。

◎ 所有岗位得 B 加在一起的薪酬预算，与公司达成合理目标所能支付的人工成本相对应。

◎ 所有岗位得 C 加在一起的薪酬预算，与公司达成保底目标所能支付的人工成本相对应。

表 5.4 ABC 标准与绩效工资挂钩

干什么	干好干坏的标准			干好干坏的说法			
快：报表及时零差错	2 日提交零差错	3 日提交零差错	4 日提交零差错	50%	4 000	3 000	2 000
省：预算控制下降 5%	下降 ≥6%	下降 ≥5%	下降 ≥4%	30%	2 400	1 800	1 200
好：一份经营分析报告	2/3 以上通过	1/2 以上通过	低于 1/2	20%	1 600	1 200	800

备注：
1. 一份经营分析报告在每月经营分析会议上集体评议其是否有价值
2. 未提交直接为 0

以上就是如何用奖金式绩效激活二线员工的具体操作方法。当然，想要真正地激活员工，需要两套体系：一套前台体系，一套后台体系。

前台体系就是把员工的 3 个问题讲清楚：你要干什么；你干好干坏的标准是什么；你干好了干坏了，分别有什么说法。简单，直白，直指人心！简单到什么程度？一张纸写清楚，3 分钟讲明白。

而我们要想把前台体系做简单，就需要有强大的后台体系支撑，后台体系就是我们的经营母盘和薪酬预算母盘。前台出手简单，后台复杂，把复杂留给企业，把简单留给员工。

这里也是为什么我们很多企业的奖金绩效无法激活员工的根本原因，这些企业把前台体系和后台体系搞反了，把后台体系交给了员工，员工不会算，讲懵了。懵掉了，自然就起不到激励作用。

总而言之，以上内容是关于企业如何实现绩效工资差异化的一些具体做法。合理地设定绩效工资，是绩效管理的重要基石。在接下来的章节中，我们将继续探讨如何在科学设定绩效工资的基础上，辅以其他的管理措施，使企业的绩效激励工作达到最佳预期。

本章回顾

1. 基本工资维持生活，绩效工资改善生活。如果说＿＿＿＿＿＿＿＿调动了广大基层员工的积极性，那么要想调动更多高层级的员工，比如核心员工和中高层管理者的积极性，就需要把＿＿＿＿＿＿＿＿做好。

2. 在实际情况中，很多企业往往存在以下这些问题，导致无法充分激励员工，业绩成果得不到保障，最终企业缺乏市场竞争力：

（1）绩效工资＿＿＿＿＿＿＿＿低。

（2）绩效工资＿＿＿＿＿＿＿＿小。

（3）绩效工资＿＿＿＿＿＿＿＿复杂。

3. 形而上、大而全的绩效管理思路，让很多企业走上"不归路"。绩效指标过多，会带来四大管理问题：＿＿＿＿＿＿＿＿失去重心，＿＿＿＿＿＿＿＿成本过高，无法引导＿＿＿＿＿＿＿＿，管理成为经营的累赘。

4. 绩效工资差异化包括：

（1）＿＿＿＿＿＿＿＿差异化。

（2）目标合计差异化。

（3）＿＿＿＿＿＿＿＿差异化。

5. 实现绩效工资差异化操作，首先，要做好价值创造排序；其次，寻找＿＿＿＿＿＿＿＿；最后，实施＿＿＿＿＿＿＿＿。

第六章

PK机制常态化

人生无处不PK（Player Killing，对决）。

这句话生动地揭示了人类社会中的竞争状况。从小学起的考试名次，到工作中的绩效排名，到各类社会奖项的颁发，再到退休后比拼谁活得好活得长，人生就是在一次次PK中走过。面对PK，有人兴奋，有人紧张，有人害怕。实际上，PK就是生活的一部分，是物竞天择、适者生存的自然法则，是生命的一种常态。

企业中的竞争更是如此。用PK造就氛围，生成活力，让优秀员工脱颖而出（能者上，平者让，庸者下）；用新思维替换老方法，让企业永远保持年轻和旺盛的斗志，成就企业强大的竞争力，持续赢得市场。

第一节 重新定义PK

谈到PK机制设计，很多人首先想到的是比赛。业务员之间互相PK，做得好的前三名公司颁个奖杯，发发钱，然后讲讲话，不就是这些吗？但是，这仅仅是狭义的理解。

一、PK绝不仅仅是比赛

PK不是一场简单的比赛，企业内部系统性PK的核心是5个字：比、学、赶、帮、超。

1. 比

"比"，最重要的是比业绩。

"业绩"在这里不仅仅是销售额，而是一个总称，指的是核心业绩指标。在很多企业里只有销售额的比拼，最终的结果可能造成公司只有收入目标达成了，但是没有利润，或者管理不顺畅。所以企业在设立 PK 机制的时候，要多方面考虑。理论上来讲，只要是企业的核心业绩指标，就都应该设置 PK。比如每家企业最常见的销售部门 PK，不仅仅有销售额的 PK，还可以有回款的 PK，有回款才有现金，才能保证企业的现金流。假如今年企业的核心重点在新产品的上市推广，以保证未来的快速发展，那重点就要在新产品销售上进行 PK。

PK 时建议一条线贯穿，比如某餐饮连锁企业 PK 会员卡销售，不单单是门店服务员之间 PK，门店与门店之间进行 PK，区域与区域之间 PK，大区与大区之间 PK，所有与会员卡销售相关的部门其实都可以参与 PK，做到不仅仅有销售上的 PK，还有多维度的 PK。

A. 同部门间 PK：如生产部，可以有生产成本降低 PK，看哪一个车间成本降低得多，哪一个产品线成本降低得多；还可以进行品质交付期 PK，看哪一个车间哪一个产品线交货快且无品质问题。

B. 跨部门间 PK：有的人会讲，跨部门之间怎么 PK 呢？指标都不一样。首先我们要清晰一点，PK 的目的是什么？目的是达成目标，所以跨部门之间的 PK 可以选择目标达成率 PK。比如人事行政部的核心指标有 4 个，达成了 3 个，目标达成率为 75%；财务部的核心指标也有 4 个，4 个都达成了，目标达成率 100%，那就是财务部赢了人事行政部。

C. 个人与个人之间 PK：选择与自己能力不相上下的员工一起组队来 PK，看谁业绩做得好。

D. 跨行业间的企业 PK：我们的企业可以走出去，与同行业做得好的企业发起 PK，还可以选择跨行 PK，只有与高手对决才能提升。

有一次在"绩效增长模式"的课程上，我就采用了不同企业之间的 PK，现场学员共同学习，学完之后现场约定增长目标，各企业回去进行落地，落地的过程中还可以互相学习、互相督促，3 个月后再回来一起 PK 增长成果。我发现，跨企业之间的 PK 效果远远比企业内部自己 PK 的干劲更足，3 个月的时间，所有的企业利润都在去年同期的基础上增长了，有些企业的增长效果甚至远远超出了老板的预期。

2. 学

"学"，最重要的是学方法。

PK 完并不只是颁个奖就结束了，因为这样只能调动 A 类员工的积极性，却调动不了 B 类和 C 类员工。我们可以利用 PK 之后的互相学习，向 A 类员工学习最好的方法来提升 B 类和 C 类员工的能力。每一个冠军背后都有他自己的方法，我们只要学习可以复制的动作即可。

我曾经辅导过一家医药连锁企业，其中有一名营业员月月拿个人冠军。其他做得好的营业员，每天的营业额在600～1 500元浮动，偶尔超过2 000元。而她的营业额却总是在1 200～2 500元浮动，偶尔还能超过3 000元，远远高出其他营业员的业绩。当我去这家门店亲自观察这个营业员的销售过程的时候发现，她的销售逻辑非常清晰，步步为营。

以下是我根据她的销售活动总结出来的销售逻辑。

第一步，面带微笑问好：您好，您需要什么药？

第二步，问症状，挖掘痛点：您看您有什么症状？流鼻涕吗？嗓子疼吗？发烧吗？头疼吗？（症状提示多一些为好）

第三步，推荐药品：嗓子疼可以选择A药和B药，A药不仅可以治嗓子疼，效果快，还没有副作用，但价格贵一点。B药效果就稍微慢一点，可是价格便宜一点，您看您选择哪个药？

第四步，痛上加痛：感冒药应该按疗程服用，不然会留下后遗症状，咽炎、鼻炎，都可能反复发作。

第五步，增加销售：买三盒可以送一条毛巾（店内活动）；一个疗程十天，三盒正好是一个疗程（疗程用药）；这是家庭常备药，现在是多发季节，可以多备两盒。

第六步，交叉销售：银黄颗粒消炎去火抗病毒，搭配着吃疗效更好。

第七步，赠送礼品卡：再加一盒维C吧，满200元赠送礼品卡一张，礼品卡可以每月免费领取奖品一次。

第八步，办理会员卡：您有会员卡吗？会员卡能积分，下次消费九五折，会员日九三折，特价药品还优惠0.5元，现在帮您办理一张？

第九步，告知门店政策：每周三可以拿着买药的空盒来换取奖品，5个空盒换取一袋洗衣粉。

第十步，保留老顾客：感冒时期多喝水，少吃辛辣，不能喝酒（用药注意事项）。您还可以留个电话，下次家里需要什么药，我给您送过去，不用您跑来了。

当我把她的销售逻辑动作梳理出来之后，连她的店长都大吃一惊，店长自己都自叹不如。所有人都认为这个营业员是嘴甜一点儿会说话，比别人聪明一点，营业额才会那么高，没想到是有步骤、有动作的，而这些对每个人来说都可以学习。

后来，这家门店每天晨会花上5分钟的时间，通过AB角色销售的方式训练所有的营业员学习冠军的流程动作，通过一个月的训练，门店的营业额就比去年提升了30%，创造了历史新高。

3. 赶

"赶"，就是赶士气。

每一场PK赛就是一次动员士气，最佳效果是形成你追我赶的氛围。我还记得第一次参加行动教育的年会，每一个领奖的伙伴踏着红地毯从会场最后缓缓走向领奖台，在这个过程中，全体起立为他鼓掌。那个氛围，就像是明星出场。而年度冠、亚、季军还可以家人陪同一起领奖，享受无上的荣耀。

这个时候我就观察身边的员工：他们使劲地呐喊，两眼放光，就像见到自己的偶像一样。后来我就问一个员工："怎么感觉别人领奖，你们的状态像是自己在领奖一样那么兴奋呢？""江老师，今年他是冠军，下一年我也要拿冠军，我也要带我的父母老婆孩子上台领奖。"

由此可见，评判一家企业奖项设置好不好，不用看台上的领奖人激不激动，而是看台下坐着的、没有领奖的人是否激动。如果台下的人两手往裤兜一插，面无表情，这就变成了"奖励一个人，打击一大片"，这个时候，企业就要反思自己的奖项设计是否合理了。

4. 帮

"帮"，主要是指帮技能。一对一结对子，师傅带徒弟，然后再进行PK，帮助新人快速成长。

每家企业都希望新员工快速成长，大部分企业是新员工进来培训完就直接上岗，但有一家企业是这么做的：在新人培训的过程中，就邀请企业的标杆员工进行分享，分享他们如何努力快速成为公司的优秀员工，并让标杆员工与新员工近距离接触沟通，了解员工的情况。在整个培训结束之后会有一个选徒弟的环节，一对一，每个分享的标杆员工选择一名新员工作为徒弟，自己选的徒弟自己带，三个月带教计划之后回来 PK。新员工做得好，师傅与徒弟同时享受荣誉。通过这样一对一师带徒 PK 的培养方式，既降低了员工的流失率，又让新员工在竞争的氛围中快速获得成长。

5. 超

"超"是指超目标。

我相信 PK 可以做到"比""学""赶""帮"4 点的企业，超越目标只是时间问题而已。在这个竞争过程中，人人都有发展的通道，人人都有出彩的机会，企业与员工共同超越目标。

如果用"比学赶帮超"5 个字来打分，只做到互相比赛是 20 分；比赛完后能够相互学习方法是 40 分；学完之后相互之间你追我赶、士气高涨是 60 分；公司总部下沉帮助一线，第一名帮助最后一名是 80 分；最后共同超越和达成目标是 100 分（见图 6.1）。

那么，你的企业能够打多少分呢？

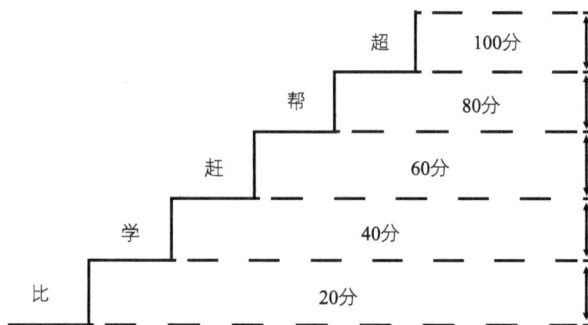

图 6.1 PK 制的核心

在"绩效增长模式"课堂上，我多次进行调研，发现大部分企业在 40 ~ 60
分，这就是我们与优秀企业之间的差距，PK 没有形成闭环，没有达到共同超越
目标的目的。

二、PK不是少数人的游戏

很多企业搞 PK，往往只局限在销售、生产等一线部门，而忽略了二线部门
及其他相关人员。我到企业调研，总会调查一下：企业内部哪些部门有 PK？普
遍的回答是销售部、生产部，个别回答有采购部，到财务部、人力资源部、行政
部几乎就没有声音了。为什么财务、人力资源等二线部门不搞 PK 呢？答案是人
太少，不好搞。看起来，这是一个操作问题，但实质上，这是认知问题。

1. PK 不是少数部门的游戏

销售部要 PK，生产部要 PK，其他各个部门也都要有 PK。有的同学不服气，
反问我这样一个问题："江老师，我们公司财务部就三个人，人力资源部就两个
人，行政就一个人，他们跟谁 PK，总不能自己跟自己 PK 吧？"这是常规的想法，
也是大多数人的困惑。

"为什么不可以呢？"三人行必有我师，即使一个人，也可以 PK。自己跟
自己 PK，跟自己的过去 PK，跟自己的目标 PK，跟历史最好成绩 PK，跟设置的
假想敌 PK。例如，人力资源部招聘专员就一个人，那就可以 PK 自己的目标达成率，
如果去年是 90%，今年目标是 95%，能不能再努力做到 100%？如果达到 100%
且及时率大幅提高，公司也可以考虑给予奖励，表扬这种积极进取的精神。这是
一种要"赢"的生命状态，就好比军队在长期和平稳定的环境里养尊处优惯了，
战斗力就会大大减弱，等到战争来临就要吃大亏。和平时期没仗可打，就要多搞
实战演习，自己跟自己打，让身体保持警觉，让意识保持戒备。一旦战争来临，
做到首战用我，用我必胜。

2. PK 不是部门内部少数人的游戏

曾经有一个企业家跟我抱怨："江老师，我们每年都搞 PK，但销售部每年获得冠亚季军的就那么几个人，不是张三就是李四，其他人也没有赢的机会，我们感觉 PK 的效果越来越差。"这是什么情况？因为他把 PK 做成了只有少数人的游戏。

我经常打这样一个比方，假如小学三年级有个班共有 60 名同学，其中有的孩子的数学成绩是 90 分，有的是 80 分，而有的孩子数学很差，只能考 30 分。这个班每学期搞 PK，都是考试最好的前三名有奖励，那么考试排在前五位以外的孩子有没有积极性呢？尤其是那些平时考试成绩都在 60 分以下的孩子？答案当然是没有。这就是把 PK 做成了少数人的游戏，无法调动绝大多数。

大家请注意，企业内部搞 PK，不是为了挑出冠军，而是为了调动绝大多数员工的积极性。好比以前一个洗发水的广告——"大家好才是真的好！"让绝大多数员工都有增长，都有提升，都能达到乃至超越自己的目标，这才是 PK 的真正目的。

三、PK不是搞运动

很多企业对待 PK，就把它当作一次比赛、一次活动、一次运动，搞完拉倒。这是我经常碰到的情况，第一年风风火火，第二年悄无声息，第三年偃旗息鼓。PK 了一两次就没有下文了。这是什么情况？

"江老师，搞一两次运动就行了。"

"搞多了，就是比赛，大家都没兴趣参与。"

"搞一次 PK，要兴师动众，搞多了劳民伤财。"

"工作太忙了，没时间进行。"

……

如果有以上想法,说明对PK还没有理解到本质。PK绝不是搞运动,恰恰相反,它是一种常态化的机制设计。请问各位:奥运会每4年一次,已经进行多少次了?世界杯每4年一次,又已经多少次了?足球比赛每个赛季都进行,有没有哪个年份不举办了?如果问题再深入一些,为什么这些活动还要持续呢?这其实就是一种常态化机制设计。

因为职业原因,每年我都会和1 000多家企业接触。我发现一个有意思的现象,凡是做得好的企业、成功的企业,内部氛围都很活跃,员工充满斗志,团队充满活力,企业充满生机。再仔细观察,这些优秀企业在内部都有一个充满竞争的氛围和一个让优秀者脱颖而出的竞争机制,且不是偶然的,不是短期的,而是常态化的竞争机制。

来看一看阿里巴巴中供铁军的PK文化。

“每年3月、6月、7月、12月是中供的大战月份。大区与大区,主管与主管,小到个人与个人,轮番的各种PK。”陈海强对《天下网商》记者说。

有一年,中供浙江区域东一区和东二区进行“百团大战”,这是早期最具规模和影响力的一次PK。雷雁群当时率领东一区,与东二区的俞朝翎展开业绩PK。在开战前,雷雁群现场杀了一只鸡,“给大家打鸡血”。摆好酒坛、酒碗,每个人上台报目标,用鸡血把目标写在白布上。酒干了,碗砸了,现场气氛让人血脉贲张。

当时刚升任东一区主管三个月的甘才燕回忆道:“公司销售策划部门发了一封邮件说:东一区与东二区打起来了。伴随这封邮件而来的是各种支持或反对的声音。”她在内心发了毒誓,不给自己留任何输的退路:“当时不能用一个疯狂来形容,每天所有人的每一个细胞都在战斗,每个组员死盯1~2个对手,死死咬住。”

而在东二区，俞朝翎没有举行仪式，只开了一个作战会议。"我们要求一步一步走，不要被别人打乱节奏，但半个月后，突然发现别人业绩蹭蹭蹭往前走的时候，再赶已经来不及了。"

时至今日，俞朝翎还会为10年前输掉这次PK而后悔。"输了的人请客吃饭，但这不是最重要的，重要的是面子上挂不住。"俞朝翎说。在那之后，每一次PK前他也会举行一些刺激团队情绪的仪式。

如果PK是一场游戏，首先要让大家入戏，仪式会把人内心的恐惧驱散，把欲望、野心和不服输的精神调动起来。虽然在中供体系之外，动员仪式并不是没有争议的，但这种把人的潜能发挥到极致的管理风格被阿里巴巴保留了下来。

PK 不仅是比赛，还是运动，是少数人的夺冠游戏，PK 的本质是调动团队的积极性，使团队内部保持紧张激烈而又充满活力的竞争氛围，PK 机制常态化的意义也正是如此。

第二节 PK机制常态化设计

PK 机制的常态化，有利于员工在竞争中相互学习、相互成长。在现实中，企业 PK 机制常态化可以从以下几点做起。

一、参与人员常态化

企业越大，组织越臃肿，层级越复杂，发展就会停滞不前，企业要想持续发展，唯有激活组织。激活内部组织的新员工和老员工，激活外部组织的经销商和供应商，而最核心的是激活客户。

1. 激活新员工，注入竞争性基因

"长江后浪推前浪"，如今职场已经是 90 后、95 后的天下了，很多经营者对 95 后的印象是更难管，因为他们更注重自我，很难认同工作需要主动、提倡奉献的说法。很多企业最头疼的事情就是 95 后的新员工进入职场之后该怎么激活。

有的人认为，现在的 95 后大多数都是独生子女，在家里被宠坏了，自然在工作上抗压能力就不行了，受一点点委屈就撒手不干了。实际上，我们发现，95 后虽然在物质上得到了满足，但从小到大却承受着更大的精神压力：全家人的目光集于他一人，所有的希望放在他一个人身上，还有外部的升学压力、就业压力等。

这些 95 后从小就是在高压环境中长大的，其实他们有很强的抗压能力。现在的 95 后喜欢打游戏，《游戏改变世界》一书中，曾经提到游戏的定义：游戏是玩家自愿挑战不必要的困难。这说明了什么？说明不是工作压力太大，而是压力太小，工作太无聊，让 95 后多余的精力无法释放，他们自然就会选择挑战游戏里有难度、有竞争的事情。所以，从新员工进入公司起，从一开始的培训，我们就要注入竞争性基因，这分为 3 步。

A．动员令。在新员工培训的最后一天搞一场动员会，要求董事长在内的全体高管参加，以表示重视。董事长的培训结业发言就是一个动员令，首先欢迎新员工的加入，以后大家就是并肩作战的战友；其次公司给员工提供一个事业的平台，希望新员工可以在这个平台上释放自己的精彩，实现自己的梦想。

B．树标杆。选择背景一般，具有普遍代表性的，却非常优秀的先进员工，让他们来分享自己的工作事迹。曾经有一家外展销售公司的员工是这样分享的：他家里很穷，从大学一毕业就加入公司，进到公司以后自己就下定决心第一年要挣 10 万元。经过 3 个月时间的努力，果然成交了一笔大单，赚了 2 万元。拿着这些钱，他做的第一件事就是给家人买了好多礼物。后来，他越做越有信心，第一年的收入真超过了 10 万元……这就对员工很有激励作用。

进行这种分享时还要注意，不仅要分享自己的收获，还要分享自己是如何努力得到这份收获的，从一开始，就让新员工看到他学习的标杆的具体奋斗历程。

C．发邀请。从新员工入职开始，就设置一项 PK，黑马奖的 PK，看看这批新人最后谁做的业绩最高，看看谁的业绩在 3 个月之内可以突破前辈的纪录，成为改写公司历史的黑马。3 个月之后，董事长带领高管重新回来，请每位新员工去展示这一阶段的成果，共同见证他们的成功。

2. 激活老员工，重燃二次创业的激情

曾经的创业元老，却成为了今天的"休克鱼"。他们或者从前为创建企业立下过汗马功劳，在企业稳定运营以后就躺在功劳簿上吃老本；或者满足于既有成绩，不求上进，乐于在现有岗位上止步不前；又或者当一天和尚撞一天钟，把才华和精力都用在敷衍工作上了。

"休克鱼"虽然不是组织的毒瘤，但这类人就像慢性毒药，会一点一点侵蚀企业健康的机体，麻醉组织成员的神经，使组织甘于现状、不求上进，陷入危险状态。要想走出这种危险的状态，就需要重新激活老员工，让他们从原有的岗位走出去，走向一线，走向客户，走向课堂。

A．走向一线，去体验一下一线员工的工作，感受一下一线的氛围，看看一线有什么困难，有哪些需要提升的地方，找回当年重新创业的感觉。

B．走向客户，亲自去做一做客户回访，了解一下客户对我们产品的评价：客户为什么买我们的产品；我们的产品与竞争对手产品对比，优劣势在哪里；客户还有哪些需求……找出客户新的需求，创造新的价值。

C．走向课堂，亲自走进专业类或管理类的课堂，学习最先进的知识理念。

很多时候员工不求上进，是因为不知道自己与优秀者的差距，这就需要去课堂学习新的知识，改善公司的管理流程。

3. 激活经销商，打造共生共荣事业体

在中国，经销商和厂家的关系非常微妙，厂家希望经销商做大，但是又怕做大以后失去控制；经销商希望厂家扶持，又怕扶持过多被牢牢管控。然而，并不是所有的企业都是这样子的，中国有一家服装企业，和经销商像是一家企业，是共生共荣的关系，这家企业就是以纯服饰。

以前我给以纯服饰河南经销商辅导的时候，总经理钱总跟我讲，东哥（以纯服饰董事长郭东林）对他们这些经销商非常好。以纯服饰不仅与经销商共生共荣，它的经销商与经销商之间同样共生共荣。河南经销商钱总在以纯经销商体系中业绩排名第五名，与第六名互相 PK，第六名是重庆的经销商董总。钱总因参加"绩效增长"课程的效果非常好，业绩大幅提升，就把这个课程推荐给了董总，而且亲自给我打电话，说董总他人很好，老师要多多帮助他。可想而知，以纯服饰这家企业的格局，整合带动了经销商与经销商之间的互相帮助，大家形成共生共荣的事业体。

4. 激活供应商，成就行业领导者

很多企业谈起供应商，普遍反映对方成本居高不下，品质总是出问题，供货还不及时。我们曾经辅导的一家餐饮连锁企业，合作了很多年的供应商，居然在送的食材里加水加冰，重量超过 30%。当时他们马上下令彻查所有供应商，发现很多供应商都有掺假、虚重的现象。

近年来，国家对于环保要求的提升、食品安全标准的提升等，加重了供应商的成本负担，供应商为了赚钱就只能虚假操作，导致供应商和企业双方受损。

我们辅导的一家做钻头的湖南客户黑金刚，该公司出钱带着供应商一起参加我的"绩效增长模式"课程，还帮助供应商一起出谋划策，请专家到供应商的企业里，帮助供应商提升产品供应品质，提高产能效率。供应商的产品品质提升了，效率提升了，成本降低了，供给该公司的产品的成本自然也就降低了，品质也提高了。双方共同获利，这就是一种良性的局面。当我们联合更多的供应商在一起的时候，我们就在帮助整个行业降低成本，提升行业竞争力，我们理所当然也就成了行业的领导者。

5. 激活客户，打造粉丝经济

移动互联网的爆发，产生了一种新的经济叫粉丝经济。最常见的是在手机行业：小米手机的粉丝是"米粉"，华为手机的粉丝是"花粉"等。粉丝经济本质上是一种通过提升用户黏性，并以口碑营销形式获取经济利益与社会效益的商业运作模式。

最近几年，我们会发现，不论走到哪里，都会被问一句话："您有会员卡吗？"因为会员卡意味着重复消费，重复消费就会成为粉丝。可见，未来的商业竞争一定是口碑为王，得粉丝者得天下。

我自己亲身经历的两个生活中的案例是这样的。

我刚到上海的时候，去家门口的理发店理发，那是一家全国知名的连锁品牌。本想着离家门口近，反正每个月也要理发，我就打算办张会员卡。一听我要办会员卡，店里马上找了最好的总监理发师给我理发。天冷了，我说把两边的头发修一修就可以了。这个总监理发师说了一句："放心吧，保证给你设计出满意的发型。"

看得出来理发师是个老手，但可能是为了炫技，他的动作非常快：一会儿碰一下我的头，一会儿碰一下耳朵，一会儿蹭一下脸。我本来是来理发的，却感觉像是来挨打的，理发过程让人感觉非常不舒服。理完发，理发师说："先生，如果您觉得对我的服务满意，可以选择办一张会员卡。"

可我却觉得，这个总监理发师并没有理解我作为一个顾客的感受，而且为了显示自己的手艺，搞得我很不舒服。最后结果可想而知，我不但没有办会员卡，而且再也不想去这家理发店理发了。

还有一次是我和朋友去西贝就餐，顺便想体验一下西贝的服务。用完餐以后，服务员问我们，有没有哪些菜不合口味，不合口味的菜可以退换。朋友是厨师出身，象征性地挑剔了一下：这个牛肉再熟一点儿就更好吃了。于是，服务员坚持要把菜给我们退掉，我们不好意思地说："不用了，不用了，同行交流，仅此而已。"服务员离开之后，又过来一位主管，不仅向我们表示抱歉，还送上了两杯酸奶，甚至与朋友交流起了菜如何做可以更好。本来是件小事，最后却让我们两个消费者感到盛情难却，为此我办了一张会员卡，并开始大力推荐我周边的朋友都去西贝用餐。我相信，西贝之所以在餐饮行业有今天的地位，是因为这里的服务员是在用心服务好每一位顾客，最终形成了口碑效应，而这就是粉丝经济。

二、PK周期常态化

一家企业的激励频率取决于目标的频率，奖励周期越短，目标达成频率越高，所以我们在奖励周期的设计上，既可以按照年度、季度、月度，也可以按照周或天。大多数企业的奖励周期以年度为标准，在年会上进行颁奖。有些销售性质比较强的企业可能设置月度奖励。除此以外，PK周期的设定还有以下类型。

A．以天为单位设奖：对于很多电商行业、零售行业来讲，"双11大促"这一天的销售额占到全年销售额的20% ～ 30%都是有可能的，可以为"双11"当天破亿元设置奖励。

B．以周为单位设奖：对于旅游行业来讲，利用"十一黄金周""五一黄金周"，设置周目标，达到即可奖励。

C．以月为单位设奖：销售型企业有月度冠军奖是常见的。

D．以季为单位设奖：第四季度尤为重要。我曾经辅导过一家外展销售企业，在最为关键的第四季度开展"百天大战"年底业绩冲刺，并举行了隆重的动员大会。在动员大会上大家签订业绩承诺书，公司设立目标冲刺奖，以天为单位公布销售业绩并时时跟进。这一个季度员工的状态非常棒，每个人都跟打了鸡血似的，12月31日的晚上不到12点仍不放弃。结果是这个季度销售额同比去年增长了50%以上，超额完成全年目标的130%。

E．其他：半年度奖励和年度奖励。除了这些以时间周期为单位的激励外，以里程碑为节点，或者重大项目为节点、重大关键节点为周期的激励，对某些企业也非常重要。比如某市政工程企业建设一座大桥需要2～3年，在设置PK项目周期时，可以按照大桥打桩、合龙、通车等关键节点，设置奖项；对大桥的施工进度、施工质量、施工安全、施工成本等，进行单项或综合PK，从而有力地保证项目如期完工。

三、PK要素设计常态化

你能激活多少人，就能成就多大的事业。你能激活公司内部的老员工和新员工，公司就能蓬勃发展；你能激活公司外部的经销商和供应商，公司就能成为行业的领导者；你能激活忠实的客户，公司就能基业长青。当然这一切的前提条件是设计出好的激励模式，包括五大要素：奖励对象、奖项名称、标准设计、奖励形式、奖励周期。

1．奖励对象

前面在激活五大人群中提到了要激活新员工、老员工、经销商、供应商、客户，这些人就是奖励对象。

但激活哪些人取决于你的目标——通过指标做管理，围绕目标做激励，围绕目标激活人，谁达成目标奖励谁。今年哪个销售人员达成了销售目标，就奖励哪个销售人员；哪个生产车间达成了生产目标，就奖励哪个生产车间。不仅奖励一线，二线也一样。有的人会说，我们公司二线人很少，财务就两个人，人事行政也就两个人，总不能为两个人还设奖！要的。我们不是给人设奖，不是给岗位设奖，也不是给部门设奖，而是要给目标设奖。即使部门只有一个人，只要他达成了目标就要奖励。比如财务部两个人费用控制下降 5%，为公司节约了 200 万元，就一定要奖励。节约 200 万元，就相当于纯利润增加了 200 万元。我们算一下，销售人员要卖多少产品才能赚 200 万元。我相信很多企业的销售冠军也无法为企业创造 200 万元的利润，而两个财务才是背后的功臣，销售冠军都要奖励了，何况财务呢！企业本身的目标类别就多，所以在设计奖励对象的时候，要多维度考虑。三百六十行，行行出状元。人人都有增长点，人人都有突破点，人人都可以创造价值。

2. 奖项名称

一般企业一线部门都会设立销售个人冠军奖、亚军奖、季军奖、团队冠军奖，二线部门都会设立优秀员工奖、最佳支持团队奖等，还有针对业绩突出的新员工设立的黑马奖。针对多年为公司做出贡献的老员工设立的守护者奖，针对为公司贡献好创意、好想法并且创造收益的金点子奖等，这些奖项名称都是可以的，但我们在设置奖项名称的时候有 3 点需要注意。

A．正向引导，体现价值观。企业设立什么样的奖项名称就代表打算引导员工有什么样的行为，达成什么样的目标，体现企业什么样的价值观。比如给财务设个奖，成本费用下降 5%，奖项名称为"金算盘奖"，这就是引导员工像账房先生一样不断地拿着算盘算公司的账，看看哪里能节约成本，体现节俭的价值观；公司选拔无私奉献的爱心楷模，鼓励善行及匡正公司风气，奖项名称为"爱心天使奖"，引导员工献爱心，鼓励员工做善事。人的爱心一旦被唤醒，格局也会随之上升，也就不会计较太多。

B．奖项名称一旦确定，不得随意修改，保持一致性、延续性，形成企业文化的一部分。当企业 3 年、5 年、10 年，甚至在长远的时间范围内，一直都坚持设立一个奖项的时候，就会在员工心目中抛下一个心锚，他的内心就会不断地浮现这个奖项，奖项也会不断地影响他的心智和行为习惯：要朝那个方向努力，要拿到那个奖项。

全球各个行业的顶尖奖项，以及各个行业人梦寐以求的奖项，自这些奖项成立以来，名称都是从未改变过的。比如电影行业的奥斯卡金像奖，自 1929 年创立后近一个世纪的时间内，从未改变过名称。再比如诺贝尔奖，自创立以来，每年颁发一次，除战争等其他因素影响之外无一例外。长期的固定执行使诺贝尔奖在世界范围内被认为是最重要的奖项。

C．多维度思考，避免产生歧义。在设计奖项名称的时候，一定要站在员工角度、不同年龄段的人的角度进行多维度思考。同样一个奖项名称，60 后、70 后的理解可能是正向的，80 后、90 后可能就是负向的。

有一家企业，因为这家企业在山东菏泽，《水浒传》水泊梁山的领袖宋江的家乡，崇尚宋江做"及时雨"，便设立了一个奖项，叫作"宋江奖"。本意是为了鼓励部门之间互相协作，互相帮助，然而这个奖项很容易让人产生歧义。一是这个奖项名称拗口，二是对宋江本人的认知大家是存在歧义的，有些人认为宋江是大英雄，领导人民起义；有些人认为宋江最后招安害了大家。设立这样的奖很容易让人产生误会。

像这样容易产生歧义的奖项，企业要多维度考虑，避免出现笑话。

3. 标准设计

企业需要考虑达到什么样的标准才能获得奖项，奖项标准的设计有两种类型。

Ａ．入围资格标准：比如体育比赛中的奥运会、世界杯，除在年龄、国籍上有一些要求之外，还需要参加资格赛获得前 36 名（不同项目、不同名额），最终才有入围大赛的参赛资格，这意味着只是能参加比赛了。企业设计奖项标准也是同样的道理，一定要在综合挑战各项目标值的基础上才能入围。

Ｂ．评奖标准：一定是在挑战目标值的基础上排名第一或者排名前三才能拿这个奖。评奖标准一定要清晰明确、数字量化、有明确的时间节点，最好是能够自动生成数据，避免人为操作。比如月度回款额在 50 万元以上，且排名第一的获月度冠军奖；财务在去年全年预算的基础上成本降低 5%，获金算盘奖；提出合理化建议，并为公司节约成本或创造收益在 10 万元以上的前三名获金点子奖。

4．奖励形式

有些企业会认为形式不重要，员工只要拿到钱就够了。物质激励确实是奖励形式中不可缺少的一部分，但这只是最基础的一部分，企业还要让员工获得足够的精神激励。为什么国家高新科技创新奖一定是在人民大会堂由习总书记亲自颁发呢？这就是为了给予这些科学家们足够的荣誉感。形式的背后是仪式感，仪式的背后是一个民族的信仰，把形式做到极致是对胜利者的赞赏，是对公司使命梦想的宣扬。比如行动教育的形式就非常棒，月度业绩在 80 万元以上的第一名获得月度冠军奖，冠军奖除了有 1 万元限时购物金物质奖励，还有荣誉奖励：

Ａ．冠军个人带领父母、妻子、儿女全家到上海总部一起领奖，由公司承担往返费用。

Ｂ．颁奖现场冠军个人分享成功经验，父母上台发言，进行全国视频直播。

Ｃ．董事长李践老师亲自设宴，带领高管招待冠军父母。

Ｄ．全家入住上海顶级酒店豪华套房，俯瞰上海夜景，并由公司配车带领冠军父母进行上海周边三日游。

很多冠军的家人一辈子都没有坐过飞机，来过上海，住过豪华酒店，而公司却提供了这些享受。一个人获奖，全家荣耀，这便是他们争做冠军最大的动力。

5. 奖励周期

这一部分的内容前文已讲述，在奖励周期的设计上，既可以是年度、季度、月度，也可以是周，甚至是天。

以上就是企业设计激励模式时需要考虑的五大要素。这五个要素设计完备后，企业的 PK 奖励模式就已具雏形。

第三节 PK激活的关键操作

> PK 实施要有效果，不能只是出台一个方案。实际上，PK 的全过程管理尤为重要。从战前动员，到过程控制，再到结果复盘和成果复制，一场 PK 要操作好，是一个完整的闭环，而绝不是搞一次比赛，决出胜负和冠亚季军而已。

一、战前动员

1. PK 的价值与意义

关于销售，有这样一句话：在没说清楚价值前，千万别谈价格。即使顾客一上来就问多少钱，也要先提价值再说价格。比如顾客问矿泉水多少钱？你要是回答"30 元"。顾客肯定会想"这么贵"；你要是回答"15 元"，顾客还会想，为什么还是这么贵；你要是回答"5 元"，顾客还会想，别人都卖 1.5 元，你居然要卖 5 元，真是无良商家。但如果你这样回答：这瓶水来自阿尔卑斯山，是纯净自然的冰雪融化后，从法国提炼加工后运往中国的，仅需要 30 元。顾客会有什么感受？他会觉得虽然贵，但确实是物有所值。

PK 动员就有这样的作用。大部分员工其实是不想参与 PK 的，为什么？因为一旦有竞争就会产生压力，所以很多人天然就会抵触 PK。因此，需要在动员中，向员工阐明 PK 的价值和意义。PK 的价值和意义其实就藏在"比学赶帮超"5 个字中。一场输赢并不要紧，重要的是通过 PK 提升士气，锻炼队伍；更为重要的是，树立标杆，提炼模式，复制标准。

2. 明确目标，以终为始

士气动员是一方面，另一方面是明确目标。没有目标，如同大海中的航船，任何方向的风都有可能是逆风。

鼓动士气是为了达成目标。1935 年 5 月 28 日，长征路上的红一军团和红四团接到电令，要求在 29 日清晨夺取泸定桥。当接到命令时，他们距离泸定桥还有 240 华里路程。按照正常的行军速度，一天一夜走 240 华里是根本不可能的事情。但是这场战役事关红军的生死存亡，如果不能夺取泸定桥，在前有堵截后有追兵的危急情况下，红军就有可能全军覆没。为了鼓舞士气，全力以赴实现目标，团长黄开湘和政委杨成武做了深刻的思想动员，在整个行军过程中边走边开动员会：我们是为解放全中国而战斗！我们是为了实现共产主义而战斗！我们是为了祖祖辈辈受压迫的亲人而战斗！在宣传队的慷慨陈词下，全团的士气开始高涨起来，"快跑二百四，抢夺泸定桥"，创造了军事史上一次几乎不可能实现的奇迹。

3. 以考代训，演练通关

PK 要搞好，作战方法和动作也很重要。穿新鞋走老路到不了新的地方，如果沿用过去的套路和方法，如何能够保证实现目标的增长？一场 PK，不只是一次士气动员，也应该是一场培训。

在对很多企业 PK 方案实施研究后，我发现，有很大一部分企业没有对员工进行细致入微、卓有成效的培训，或者有些企业进行了培训，但是并没有检验培训的效果，也就不清楚员工到底掌握几成。在稀里糊涂、一知半解的情况下，动作实施会变形，效果就会大打折扣。如何解决呢？8 个字——"以考代训，演练通关"。

检验学习效果，有两种方式方法。第一种方法是闭卷考试，看看是否掌握了相关知识点。我在十余年的培训过程中，为了检测学员掌握与否，经常采取的一个测试方法是询问。"听清楚了吗？""理解了吗？""明白了吗？""真的明白了吗？""清楚了。""理解了。""明白了。""真的明白了。"学员一般都会这样回答。"很好，那请你来复述一遍！"经过学员复述，你就会发现，很多人是假清楚，真糊涂！

第二种方法是演练通关。对于某些技能的掌握，在无法通过考试来检验时，怎么办？演练通关！请专家组成技能考核小组，请学员一对一检验，看看谁真正掌握了技能。

二、过程控制

动员会议召开后，企业要做的并不是等待结果，或者等待出了问题再行处理，而是要进行实时的过程追踪与规则巡视。PK 搞得好，过程中的 3 个核心动作很关键。

第一，战报发布。可以通过微信朋友圈，或者内部共享平台，定期或不定期发布 PK 战报。建立内部 PK 群，在每天、每周、每月、每季度，形成定期战报发布机制。我曾经辅导的某水泥销售企业为了提升销售业绩，建立了每日战报群。每晚 21:00 前，由后勤统计当天的销售战报，并按照销售金额进行业绩排名后，统一发布到公司内部微信群。每周汇总当周的销售战报，按照周销售金额进行周业绩排名；每月选出当月的销售冠军，进行线下分享。

第二，过程再动员。动员会不能只召开一次，而是要经常性地反复动员。有一家电器销售企业，全国有 1 000 多位经销商，3 000 多家门店。为了保证参与性，除了总公司召开一次经销商大会进行动员外，总公司还组织了三十多名片区经理，对各自分管片区进行 PK 再动员。动员内容为三大部分，一是 PK 的意义和目的，二是 PK 规则及参与方式，三是 PK 奖励及标杆复制。过程再动员有力地确保了总公司政策的迅速落地。

第三，规则巡查。PK 是在一个公正、公平、公开的比赛规则下进行，因此，要有规则巡查的动作，避免员工为了赢得 PK 胜利，而采取各种违背规则的操作方式。例如，某公司 PK 业务员的销售业绩，某门店为了赢得竞争，让业务员相互间进行"拼单"，把其他业务员的销售金额都算在一个业务员头上，这种弄虚作假的行为违背了公司诚信经营的价值观，一经发现必须严肃惩处。

三、成果复制

每轮 PK 结束后，要召开总结表彰大会，进行 PK 奖励的发放，更重要的是进行经验提炼和成果复制。

首先，标杆就是标准。成功背后一定有理由，关键是提炼出好的经验，把标杆经验变成标准操作。曾经有一名高强化玻璃销售业务员的业绩多次排名第一，公司让其分享成功经验。他分享的经验其实很简单。这名业务员到客户单位进行销售时，并没有过多宣扬玻璃的性能有多好，而是在简单介绍后，直接从工具包里拿出一块玻璃样品，接着又拿出一把榔头，当着客户的面，使劲用榔头敲打玻璃，结果玻璃没有任何损坏，这个动作足以证明玻璃的质量。把该业务员的经验复制成标准后，公司其他业务员的销售业绩大幅上升。但是过了一段时间后，公司发现该业务员的业绩排名还是第一。于是请他再次分享经验，原来该业务员换了个方法，同样还是砸玻璃，其他业务员是自己砸，该业务员是让客户来砸。

其次，成果复制再培训。提炼出标杆经验后，要进行成果复制再培训。方法有两种，一是冠军一对一帮扶，手把手教授，这叫传帮带，让员工教员工。二是总部提取经验，复制成可操作落地的模式，进行广泛培训，并进行"以考代训，演练通关"。培训后的下一个周期，是通过数据收集来检验和证明标杆经验复制的成果，如此循环往复，最终实现"大家好才是真的好"的目标。

企业做绩效管理，最终就是为了让每位员工从内心深处焕发出激情，让每位员工都有成长乃至出彩的机会。实现 PK 机制常态化，指向的也是这样的终极目的。这样才能够时时激励员工，让企业永葆活力、基业长青。

本章回顾

1. PK的核心是5个字：比、学、_____、_____、_____。

2. 企业除了销售PK，还可以进行多维度PK，比如同部门间PK、跨部门间PK、_____、_____等。

3. 进行PK机制常态化设计时，想要做到参与人员常态化，企业需要激活新员工，注入竞争性基因；激活_____，重燃二次创业的激情；激活_____，打造共生共荣事业体；激活_____，成就行业领导者；激活_____，打造粉丝经济。

4. 进行PK机制常态化设计时，想要做到PK要素设计常态化，前提条件是设计好激活的五大要素：奖励对象、_____、标准设计、_____、奖励周期。

5. 设计PK要素，为奖项起名时，需要注意以下3点：

（1）_____，体现价值观。

（2）奖项名一旦确定，不得随意修改，保持一致性、延续性，形成企业文化的一部分。

（3）_____，避免产生歧义。

第七章

股权激励绩效化

最近几年，股权激励在中国话题度很高。从创业公司到成长型企业，从拟挂牌新三板到准备上市的公司，从快销品到传统制造企业，谈及员工激励必然引出股权激励。人无股不富，股权承载着人们的财富增值梦想；股权即政权，股权蕴含着掌控企业的治理结构的深意；用未来激励现在，股权激发人们为未来拼搏的动力。一夜之间，股权带给中国民营企业太多的想象空间：没钱激励用股权，吸引高手用股权，锁住核心员工用股权，吸引投资用股权……

但股权激励这条路充满荆棘。在我的客户名单里，有借助股权激励充分激活员工的，有股权激励动作很多但效果微乎其微的，有股权激励轰轰烈烈但成本花费打水漂的，更有股权稀释丢掉企业控制权，竹篮打水一场空的。股权激励，用好了是核能，用不好就成了核弹！

搞股权激励不能跟风。很多企业在学习华为的股权激励，言必称华为员工60%都有股权。但任正非是这样说的："不要把我想得有多高尚，我要是当初选择做房地产，地是我跑关系拿的，款是我找门路贷的，风险主要由我承担，那么我为什么要把股权分给大家？华为是科技企业，需要更多聪明人、有理想的人一起做事，所以只能一起抱团，同甘共苦。越是老一代的创业者和高层领导干部，越要想到自觉奉献，只有不断地主动稀释自己的股票，才能激励更多的人加入到华为的事业中，和华为一起奋斗。"

第一节 重新定义股权激励

> 工欲善其事，必先利其器。要想用好股权，首先必须全面深刻地认知股权。好比中医开药方，首先他要对每味药材的性能、特点、药效、诊疗使用等有深刻的理解。

一、股权激励的本质

从字面理解，股即股票、股份，权即权利、权益。然而，在现代企业的运营管理中，股是表象，权是实质。

股权的核心是三权：分红权、增值权、表决权。

分红权，一般是指利润分红权。公司给员工配股，每股享受一定的分红权。比如某员工持有 1% 的股份，公司年度税后净利润是 1 000 万元，那么该员工享有 10 万元的利润分红。

增值权，是指所持有股票或股份，在一定经营期限内，由于股票价格上涨或净资产大幅增长，所带来的股票增值或股份增值。增值权包括股票增值权和股份增值权。对上市公司来说，股票增值权是指公司授予激励对象在一定的时期和条件下，获得一定数量的公司股票价格增值差额收益的权利，即以公司股票为虚拟标的股票，在满足业绩考核标准的前提下，由公司以现金方式支付行权价格与兑付价格之间的差额，该差额即为激励对象的收益。对于非上市公司，普遍使用股份增值权或者虚拟股票增值权，在操作中多以账面价值即每股净资产作为计价标准，行权收益等于行权时的每股净资产减去授予时的每股净资产。比如某员工享有 1% 的股份，当年被授予股份时公司净资产是 1 000 万元，经过 3 年经营，公司净资产达到 1 亿元。那么该员工对应的增值权收益，就从 10 万元到了 100 万元，每股净资产增加了 9 倍。

表决权，是指股东按其持有的股份对公司事务进行表决的权力。股东表决权的大小，取决于股东所掌握股票的种类和数量，普通股一般每股代表一票。

在我国的法律制度中，同股同权，即每一股的股份，均有分红权、增值权和表决权。这时，持有股份所占比例就相当重要。如果占有 15% 的股份比例，就有权提议解散公司；有 33.3% 的股份比例，就有一票否决权；有 51% 的股份比例，就有相对控制权；有 66.67% 的比例，就有绝对控制权。拥有绝对控制权，就等同于拥有企业的主宰权。

由于股权具有稀缺性，总和比例只有100%，切割比例只会越切越少，所以各家企业对股权分配都相当慎重。由于股权具备巨大增值性，能够达到10倍乃至100倍的杠杆激励效果，所以股权又是激励员工的重要手段。又由于股权比例一旦超过法定要求，就可能造成大股东易主、决策权转移、控制权丢失，所以股权又是企业的生命线。

随着激励制度设计的发展，股权中的三权开始走向分立，即分红权、增值权、表决权相互剥离。只有分红权，没有增值权和表决权，是身股，这个制度最早来自山西晋商的伙计顶身股制度。只有增值权，没有分红权和表决权的，是期权。有分红权和增值权，没有表决权的，是期股。既有分红权，又有增值权和表决权的是实股（见表7.1）。

表 7.1　不同股权比较示意

	分红权	增值权	表决权	退出
实股	有	有	有	复杂
期股	有	有	无	较复杂
期权	无	有	无	简单
身股	有	无	无	简单

三权剥离，是股权激励制度设计上的一大进步。这增加了股权激励的灵活性，但复杂性也随之增加。实际上，在企业的实际操作中，各种组合方式让人眼花缭乱。例如，授予员工身股，享受当年度分红权；连续享受2～3年分红权后，再赋予其增值权。或者授予员工虚拟注册股，享受分红权和增值权双权益，但没有表决权，华为的股权激励即是如此。到一定阶段后，再给予实际注册股份。

若是上市公司，可操作模式更多，如股票期权、股票增值权、限制性股票等，手段繁多，不一而论。随着市场体系的发展，基于企业制度创新的需要，不仅三权可以相分离，即使实际注册股，也可同股不同权。这就是纳斯达克的AB股制度，这也是阿里巴巴、百度、腾讯等企业赴美上市的根本原因。

二、哑火的股权激励

股权激励对企业的作用不言而喻，但在实际操作过程中，却可能毫无效果甚至反作用。且先看几个案例。

案例1：某制造企业近几年业绩持续下滑，为了挽救业绩，也为了进一步激活员工，老板听说股权激励作用巨大，就准备在当年采取股权激励，并请咨询公司设计了方案，但员工对此根本不感兴趣。老板很困惑，股权激励条件如此诱惑人，未来测算收入如此有吸引力，为什么员工还是无动于衷呢？

案例2：某食品上市企业，老板拿出了1亿多股份来激励高管团队，很多高管层一夜之间成为百万甚至千万富翁。老板期望以此激活高管团队创造高业绩，但事与愿违：高管层之间讨论分多分少，在剧烈争论中业绩非但没有增长反而下滑。这又是为什么？股权激励到底该如何分配？分多分少要不要考虑绩效因素？

案例3：哈尔滨某连锁企业，老板对门店实行股权激励，给予店长30%的股份。在1～2年内有效激励了店长，业绩有了高速发展。但到了第三年，实施了股权激励的门店业绩忽然下滑，而没有实施股权激励的门店业绩反而持续增长。这是为什么？股权激励是终极激励吗？实施了股权激励后，还要不要实行绩效考核？

这3个案例反映了3种典型情况。

第一个案例中，股权不值钱。当业绩持续下滑时，员工看不到未来，甚至认为企业马上就会入不敷出、资不抵债。因此，此时不是股权激励的好时机。

还有一个需要讨论的问题：股权激励到底是雪中送炭好，还是锦上添花好呢？是在业绩困难时用来凝聚人心好，还是在业绩上涨时用来添柴加火好呢？该老板向我咨询时，我直言不讳：你做股权激励的动机是什么？为什么在业绩好的时候你不做股权激励？为什么在业绩差的时候才做？你期望员工与你同甘共苦，但是你业绩好的时候为什么不跟你的员工共享富贵？刚才是从老板角度说的，如果再换个角度，站在员工角度想想，老板是什么人？平时业绩好的时候把股权握得紧紧的，业绩不好了要给员工股权，希望员工卖命？现如今企业经营困难，即使给了股权也是废纸一张，还要员工出钱购买，还不如给现金实惠。

在第二个案例中，股权没分好。股权分配的依据是什么？是分配过去还是分配将来？要分给哪些人？分多少股？分配的比例是什么？是按照职位、资历，还是业绩贡献？一个老员工在公司很多年，属于老好人类型，很忠诚但没什么业绩；另一个员工刚来公司没多久，就连签了几笔大单，资历虽浅但潜力巨大，这两类员工应该怎么分配,谁多谁少？分股时要不要让大家购买,价格又如何确定？如何保证股权激励分得公平，足以激励大家的斗志，而不是打击大家的积极性？

在第三个案例中，没有防止股权激励的副作用。是药三分毒，任何激励手段有积极作用，也有消极作用。股权激励让员工享受奋斗后的成果回报，尤其是对于利润的分享或上市后的财富增值回报。但也要防止员工一夜暴富后，贪图享受人生不再奋斗的情况出现。实际上，任何激励都有药效期，在一定时间内能够发挥有效作用，但过了药效期效果归零。因此，股权激励不是终点,而是阶段成果。

以上 3 种情况，其实都和绩效有关。在第一个案例中，股权不值钱。只有企业绩效好，收入利润多，而且持续性增长，股权才值钱。在第二个案例中，需要对什么人进行股权激励呢？一定是少部分人，是经过绩效考验，能够与企业同甘共苦、同呼吸共命运的人。那些连绩效考核都不合格，没有通过绩效考验的人，如何能够授予其股权？在第三个案例中，股权激励实施后，还要有新的更高的奋斗使命和绩效要求，这是一种追求卓越的事业精神。

由此可见，深刻理解股权的含义，理解股权的实质作用，正是实施股权激励的第一步。

第二节 股权激励绩效化实施

实施股权激励不是为了取代绩效。相反，股权激励有效性必须与绩效对接才能发挥最大效用。因而，股权激励不是去绩效化，而应该是高度链接绩效。

一、股权与绩效的关系

最近几年，越来越多的企业动用股权激励。课堂上，经常有企业家问道："股权激励和绩效激励到底是什么关系？"表 7.2 就这两者做了一个对比。

表 7.2 绩效激励与股权激励的区别

项　　目	绩效激励	股权激励
激励对象	全员绩效	核心中高层和核心骨干
覆盖比例	100%	5% ～ 20%
身份变化	员工	股东（或虚拟股东）
法律受限	劳动法、劳动合同法	公司法、合同法
税务关系	个人所得税	企业所得税、个人所得税
激励指标	KPI（关键绩效指标）	利润
门槛条件	业绩条件	业绩＋核心能力＋年限
激励资源	当期现金	现金分红或非当期现金
企业增值	不享受	享受

第一，激励对象不同。绩效是针对全体员工的，一般也叫"全员绩效"，只要给付员工薪酬，都应该经过考核，这叫"付薪必考"法则；而股权激励主要是针对核心高管层或核心骨干的。

第二，覆盖比例不同。由于受众不同，覆盖比例就有巨大差异，绩效激励基本是全覆盖，比例是 100%，而股权激励针对核心骨干层，覆盖比例在 20% 以内。像华为这样覆盖比例超过 50% 的企业，少之又少。实际上华为实行的是虚拟注册股激励，还不是真正意义上的股权激励。

第三，身份不同。从绩效激励到股权激励，激励实质是"身份"转变的激励，即从员工到股东，不管这个股东身份是不是真实的，但员工感受到的是"身份的变化"。那么，从员工到股东到底意味着什么，很多人的理解就是能分更多钱，能享受更大的财富回报。这是一个很大的误解。股权激励，是对未来的激励，是打造命运共同体，是让价值观与公司高度一致，让有能力有意愿的员工与公司长长久久地走下去。身份的转变表现在责任更大，就好比军队里的攻坚部队"首战用我，用我必胜"这样有着高度的荣誉感；同时带头示范，好比共产党员身先士卒、率先垂范的工作作风；还有收益共担、风险共享，共同分享胜利成果，并且率先承担失利的责任。

第四，法律约束不同。绩效激励受《中华人民共和国劳动法》（简称《劳动法》）《中华人民共和国劳动合同法》（简称《劳动合同法》）约束，股权激励实质上是受《中华人民共和国公司法》（简称《公司法》）《中华人民共和国合同法》（简称《合同法》）约束。《合同法》是契约法，内容遵从双方约定，也就是说，只要不违背相关法律，双方约定即为有效。但是《劳动法》属于基准法，其法律地位是高于契约法的，如果双方约定达不到法律要求，约定无效。通俗地说，《劳动法》对劳动者的保护措施更严。如果企业破产倒闭，进行债务清算，首先补偿的是员工工资，再补偿各种债务，最后才是股东的利益所得。

第五，税务关系不同。《劳动合同法》走税前列支，进的是成本项，只计算个人所得税；而股权分红，是税后利润分红，要扣除掉企业所得税、个人所得税，这两个加起来就有大约 **45%** 的比例。

第六，激励指标不同。绩效激励是业绩指标、**KPI** 指标激励。股权激励是用未来激励现在，是利润分红和未来的财富增值。

第七，门槛条件不同。要获得股权激励，门槛条件可能很高，但一旦获得，就享受相应的分红权。

第八，激励资源不同。绩效激励是用现金激励，而股权激励可以用现金分红，也可以用未来的现金激励，或者在股市上买卖流通，进行杆杠激励，属于市场埋单。

第九，企业增值是否享受。绩效激励不享受企业增值，股权激励享受企业增值。

二、股权激励与绩效准备

绩效管理是实施股权激励的基础，没有绩效管理，股权激励就没有目标。大家都知道，股权激励就是将公司的股权（实股、虚股）奖励给那些为公司做出贡献的人。那么，对这些人如何进行奖励，奖励的依据是什么呢？只有通过公正、公平、科学的绩效考核，才能使股权激励具有公平性和激励性。

证监会明确规定：股权激励要有完善的考核机制！既对企业绩效有考核，也要对个人绩效有考核。在《上市公司股权激励管理办法》中第十条、第十一条明确规定：股权激励必须经过考核。

> 第十条 上市公司应当设立激励对象获授权益、行使权益的条件。拟分次授出权益的，应当就每次激励对象获授权益分别设立条件；分期行权的，应当就每次激励对象行使权益分别设立条件。激励对象为董事、高级管理人员的，上市公司应当设立绩效考核指标作为激励对象行使权益的条件。

第十一条 绩效考核指标应当包括公司业绩指标和激励对象个人绩效指标。相关指标应当客观公开、清晰透明，符合公司的实际情况，有利于促进公司竞争力的提升。上市公司可以公司历史业绩或同行业可比公司相关指标作为公司业绩指标对照依据，公司选取的业绩指标可以包括净资产收益率、每股收益、每股分红等能够反映股东回报和公司价值创造的综合性指标，以及净利润增长率、主营业务收入增长率等能够反映公司盈利能力和市场价值的成长性指标。以同行业可比公司相关指标作为对照依据的，选取的对照公司不少于3家。激励对象个人绩效指标由上市公司自行确定。上市公司应当在公告股权激励计划草案的同时披露所设定指标的科学性和合理性。

绩效不好，股权无意义；考核不到，股权无保障！那么，进行股权激励前要做哪些准备呢（见表7.3）？

表 7.3 股权激励前的准备

股权激励前提	与股权激励关联的绩效机制	考核内容
企业业绩要求和条件	进入考核 （入股考核＋分配系数）	价值观——底线；资格条件——职位、年限等人岗匹配考核，不符合的建议预先调岗；业绩考核——优秀、合格、不合格
	分红考核	企业业绩达标标准 员工个人业绩达标标准
	调整考核 （调股考核）	职位的调整：晋升，平调，降级，去职。职位调整后，员工的股权变化
	退出考核 （退股考核）	从职位上退出，即从经营层退出为股东层；从公司退出，即从"内人"变为"外人"

1. 进入考核

（1）入股考核

什么人能够获得公司的股权激励？综合来看有 4 条标准：一是底线要求，价值观必须和公司高度吻合。这里的价值观不只是一般层面的道德标准（如遵纪守法），而是在理念和行事方式上与公司高度一致。比如华为公司，以客户为中心，以奋斗者为本，长期坚持艰苦奋斗。二是资格条件，如职位、年限等。股权激励要分批实施，从第一批享受股权激励到第二批，再到第三批，职位和年限只是基本的资格条件。例如，某集团首轮激励是分（子）公司总经理级别以上，入司年限在一年以上；第二轮激励是核心骨干层，入司年限在一年以上，这是每次股权激励的资格条件。三是人岗匹配。虽然在岗，但如果人岗不匹配，长期无法胜任工作，在股权激励前要及时采取措施，可以调岗、换岗等。四是绩效考核结果，一定是在本职岗位上合格乃至优秀的，才有股权激励的资格。

（2）分配系数

假如都符合这些资格条件，到底每个人分多少呢？这就有一个分配系数评估的问题，表 7.4 列出了股权分配系数具体的评估方法。

表 7.4 股权分配系数评估

岗位	级别	岗位股（类同于岗位价值评估）	业绩股			年限股
			A（1）	B（0.5）	C（0）	
总裁	总裁	150 000	150 000	75 000	0	
副总级	常务副总	110 000	110 000	55 000	0	
	副总	80 000	80 000	40 000	0	
	总助	50 000	50 000	25 000	0	
总监	资深总监	30 000	30 000	15 000	0	1 年 =500 股 最高 20 年封顶：10 000 股
	高级总监	25 000	25 000	12 500	0	
	总监	20 000	20 000	1 000	0	
经理	资深经理	15 000	15 000	7 500	0	
	高级经理	12 000	12 000	6 000	0	
	经理	9 000	9 000	4 500	0	
主管	资深主管	7 000	7 000	3 500	0	
	高级主管	6 000	6 000	3 000	0	
	主管	5 000	5 000	2 500	0	

这是某公司股权激励分配系数表。假如现在公司进行第二波股权激励，预计拿出 10 万股来激励部门经理，当前部门经理有 5 人，分别是财务部张三、销售部李四、人力资源部王五、生产部赵六、采购部经理侯七。他们的岗位级别、业绩、年限分别如表 7.5 所示。

表 7.5　某公司股权激励分配系数表

部门	级别	绩效评价	年限	分股系数
财务部	高级经理	A	10 年	29 000
销售部	高级经理	A	8 年	28 000
人力资源部	资深经理	B	5 年	25 000
生产部	高级经理	B	4 年	20 000
采购部	资深经理	A	15 年	37 500

那么，各部门经理到底分多少呢？以下数值为一个参考：

◎ 财务部张三经理分配股数 =29 000/（29 000+28 000+25 000+20 000+37 500）×100 000=20 788（股）

◎ 销售部李四经理分配股数 =28 000/（29 000+28 000+25 000+20 000+37 500）×100 000=20 072（股）

◎ 人力资源部王五分配股数 =25 000/（29 000+28 000+25 000+20 000+37 500）×100 000=17 921（股）

◎ 生产部赵六分配股数 =20 000/（29 000+28 000+25 000+20 000+37 500）×100 000=14 337（股）

◎ 采购部侯七分配股数 =37 500/（29 000+28 000+25 000+20 000+37 500）×100 000=26 882（股）

2. 分红考核

授予股权后，员工在什么条件下可以参与分红？从企业层面看，主要看企业业绩（收入利润达到一定的水平）。对于注册股（实股）股东，如果企业决定进行股东分红，那么同股同权，有一股就享受一股的分红权。

但对于虚拟注册股（也就是身股），可以把分红与绩效考核进行挂钩。以下是一家高科技企业虚拟注册股的操作案例，仅供参考。

一、目的与意义

构建以价值创造为导向的公司文化，建立股东与员工之间的利益共享与约束机制；持续激发员工创新力、创造力，保证公司长期稳健发展；为管理层留下"想象空间"，变短期利益为长期追求；吸引与保留优秀管理人才和骨干员工，提升凝聚力、战斗力；鼓励并奖励业务创新和变革精神，增强员工归属感与认同感。

二、股份总额

公司注册资本为500万元，虚拟股份总额设为注册资本额的15%，即75万股，首次分配总额为60万股，预留15万股用于储备或支付具备资格的新增员工、岗位职务升迁员工的股权激励。每轮融资结束后，相应调整股份总额和各岗位股份基数。

三、激励对象

本股权激励方案的激励对象为与公司签订正式劳动合同、工作满6个月的员工，重点激励中高层管理人员以及业务、技术骨干和卓越贡献人员（见表7.6、表7.7）。

表 7.6　激励对象岗位名单　　　　　　　　　　　单位：万股

部　门	岗　位	数　量	单个岗位股份基数	股份合计
集团公司	总经理	1	6	6
集团公司	副总经理	3	3	9
分公司／部门	经理	5	2	10
分公司／部门	副经理	5	1	5

部　门	岗　位	数　量	单个岗位股份基数	股份合计
分公司 / 部门	主管	10	0.8	8
分公司 / 部门	副主管	10	0.6	6
分公司 / 部门	业务技术骨干	20	0.3	6
分公司 / 部门	普通员工	100	0.1	10

表 7.7　年度考核系数标准

绩效得分	绩效系数
大于等于 100 分	绩效得分 / 100+0.1
90 ~ 100 分（不含）	1
85 ~ 90 分（不含）	0.9
75 ~ 85 分（不含）	0.8
65 ~ 75 分（不含）	0.6
60 ~ 65 分（不含）	0.6
低于 60 分	0

备注：激励对象年度参与分红的虚拟股权数为岗位股份基数乘以年度考核绩效系数。

四、激励实施

股权激励计划于2019年1月1日起执行。年度激励资金提取以公司净利润增长率和净资产收益率作为业绩考核指标，启动条件具体为：公司首年度净利润率超过30%；之后年度净利润增长率超过5%，净资产收益率超过12%。

五、分红计算

自实施日起，激励对象所享有的股份分红范围是该年度所实现的税后利润增长部分，扣除40%作为企业发展留存外，按激励对象所享受股份数量的百分比进行分红（见图7.1）。

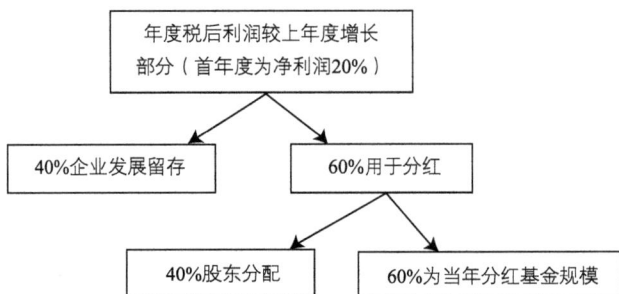

图 7.1 虚拟股权示意

虚拟股权每股现金价值＝当年参与分配的分红基金规模÷实际参与分红的虚拟股权总数

1．激励对象在取得股份的两年内按下述办法兑现权益金额：激励对象在激励岗位上服务第一年，年终股份分红金额兑现60%，另外40%记入激励对象权益金额个人账户内，未兑现的权益按每年5%计算利息记入个人账户。激励对象在公司激励岗位服务第二年，年终股份分红金额兑现80%，20%记入激励对象权益金额账户，未兑现的权益按每年5%计算利息记入个人账户。

2．激励对象在取得股份满两年后按下述办法兑现权益金额：当年的权益金额100%兑现。从第三年起，前两年服务期间内的个人账户历年累积的激励权益金额分两年兑现，每年兑现50%，未兑现的权益每年按5%计算利息记入个人账户。

3．在激励岗位上工作满四年后，激励股份转化为实股，激励对象对激励股份拥有完整的股权，经公司监事会同意后，激励对象以双方协议价格购买股权，可进行股权转让、出售、继承等事项。

六、股权调整

1．激励对象职务发生变更，按相应的职务岗位变动激励分红股份数量，已记入个人账户的权益金额不变。

2．若激励对象不能胜任岗位要求，本人要求或公司调整至非激励岗位，按下列办法兑现股权激励权益：

（1）在激励岗位上工作不满一年的，取消激励股份，不享有激励股份的年终分红。

（2）在激励岗位上工作满一年不满四年的，取消激励股份，累积的个人股份分红金额按80%一次性兑现。

（3）在激励岗位上工作满四年的，只要激励对象还在公司工作，股权激励权益即为激励对象所有。

3．员工离开公司时，按下述办法兑现股权激励分红额：

（1）在激励岗位上工作不满一年的，取消激励股份，不享有激励股份的年终分。

（2）在激励岗位上工作满一年不满四年的，取消激励股份，累积的个人权益金额按50%一次性兑现。

（3）在激励岗位上工作满四年的，因激励对象已拥有实股，按7.2条每年兑现股份分红。

七、分红日期

次年6月30日前兑现上年度分红。

八、权利义务

（1）公司权利：若激励对象因触犯法律、违反职业道德、泄露公司机密、失职或渎职等行为严重损害公司利益或声誉，公司可以取消激励对象尚未实现的股权激励权益。

（2）激励对象的权利义务：①激励对象自本方案实施之日起，享受本方案规定的股权激励权益；②激励对象应勤勉尽责、恪守职业道德，为公司的发展做出贡献；③激励对象因本方案获得的收益，应按国家税法规定缴纳相关税费。

3．调整及退出考核

在企业经营发展的过程中，会有各种变动，如企业分立、合并、增设、撤销等；或者岗位设立、合并、撤销等；或者员工因业绩原因而出现的晋升、平调、降职等变动。调整类型如表7.8所示：

表7.8 变动及退出类型

变动类型	内　　容
企业变动	企业分立，合并，增设，撤销
岗位变动	岗位设立，合并，撤销
人员变动	晋升，平调，下降

如何处理呢？

第一，员工由于各种原因离开企业，根据其退出情形，做分类处理。表7.9列出了具体处理方式：

表7.9 退出员工的股权处理方式

退出情形	定　　价	方　　式
1．激励对象因犯罪被追究刑事责任 2．激励对象严重失职、渎职 3．激励对象未经公司同意擅自离职 4．激励对象存在受贿、索贿、侵占或盗窃公司财产、泄露经营和技术秘密、与公司同业竞争及其他损害公司利益行为的	按原价或净资产账面值孰低价处理	其他股东受让

续表

退出情形	定　价	方　式
1．激励对象因不能胜任工作、不遵守规章制度等原因被公司辞退 2．激励对象主动离职而公司同意其离职 3．激励对象劳动合同期限届满而为续约 4．激励对象非因公丧失劳动能力或死亡	按较低的投资回报率处理	其他股东受让
1．公司因战略及经营业务调整，要求激励对象离职 2．激励对象因个人原因在与公司维持劳动关系的情况下要求退出激励计划 3．激励对象因公丧失劳动能力或死亡 4．激励对象退休	按市价或中等偏上的投资回报率处理	其他股东受让或减资

第二，员工依然在企业工作，但其岗位发生变化，如晋升、调职、降级等，如果是注册股股东，不能变动。但如果是岗位股（或岗位分红股），则遵从"岗变薪变"法则，按照新岗位进行操作。

第三节　绩效＋股权：双剑合璧激活员工

从激励员工的角度，绩效和股权都是手段。从绩效激励变更到股权激励，实质是走了一条"从员工到股东，从雇佣关系到合伙关系"的路子。

试想一下，一个刚出大学校园，进入社会工作的学生，要想获得好的人生发展，首先是要通过工作成果证明自己，这就是绩效体现。有价值才有价格，有作为才有地位，当成为绩优员工后，下一步是承担更大的责任，从员工到股东，从雇佣关系到合伙人关系，带领企业实现利润增长和资本增值（见图7.2）。

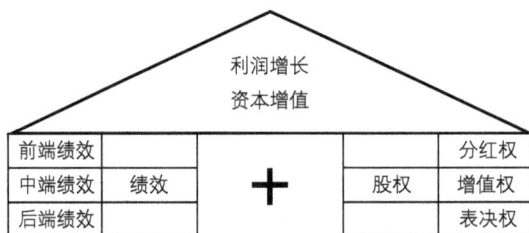

图 7.2 员工的激励之路

一、从前端绩效到中端绩效、后端绩效

在"绩效增长模式"课堂上，我会提问这样一个问题：你的公司对销售员实行哪些提成方式？答案五花八门，核心无非 5 个：销售提成、回款提成、毛利提成、贡献毛利提成、净利润提成。那么为什么不同公司会采取不同的提成方式呢？请看表 7.10。

表 7.10 不同的销售提成方式

提成方式	经营策略	数据支撑	能力要求	绩效阶段
销售提成	增长率策略	销售额数据	业务操作者	前端绩效
回款提成	现金流策略	销售回款数据	业务操作者	
毛利提成	初步利润策略	销售、成本数据	管理者要求	中端绩效
贡献毛利提成	中级利润策略	销售、成本、本部门费用数据	经营者要求	
净利润提成	高级利润策略	销售、成本、本部门费用，分摊费用数据	经营者要求	后端绩效

1. 销售提成

销售提成包括销量提成、销售额提成，此阶段对员工的要求是成为合格的业务操作者。就好比一个战士，刚开始练好打枪，把枪打准是最核心的要求，至于枪炮子弹等后勤供应，不是他要考虑的事情。对于很多公司的销售员工也一样，先是熟悉产品、懂得销售，最大化提升销售收入，把销售搞上去就是对公司最大的贡献。至于产品怎么定价，怎么生产，库存怎么消化等，不是他现阶段要考虑的事情。

2. 回款提成

相较销量、销售额提成而言，回款提成更看重现金流。实际上，很多公司销售额不错，但是回款非常糟糕。典型例子有建筑工程类企业，前期要垫资，中间有进度款，后期有尾款，手头现金流捉襟见肘，常常是寅吃卯粮。2016 年，我到一家市政工程企业辅导，经过实地调研后发现，该企业已经两个月没有发放员工工资了，是企业没钱吗？不是。是企业没利润吗？也不是。那为什么会拖欠员工工资呢？原来企业把钱用来垫付前期工程款了。

3. 毛利提成

从销售额提成、回款提成，到毛利提成，绩效往前进了一大步。这其实是进入了中端绩效，而对员工的要求，也从专业进阶到管理，这时需要关注产品销售成本、折扣和价格问题。这实际是一个管理者的思维，不是简单的打价格战，进行打折促销返利式销售，而是进入价值战。

4. 贡献毛利提成

先解释概念，贡献毛利 = 销售收入 − 销售成本 − 本部门费用。从毛利提成到贡献毛利提成，又进阶了一步，实质是投入产出比概念。不仅要考虑到销售的价格、折扣，还要考虑本部门的费用情况，包括人工成本费用、办公室行政费用、其他相关费用等，只要是销售部门发生的费用都计入在内。这实际上是从管理者走向经营者的开始，要求以最少的投入获得最大化产出。以人员配置为例，从操作者角度，人员配置越多越好；从管理者角度，人员配置越高端越好；从经营者角度，人员配置要看投入产出比，加人加业绩，要核定人均产出效率。

5．净利润提成

与贡献毛利不同，净利润 = 销售收入 − 成本 − 本部门费用 − 分摊费用。不仅考虑销售部自己产生的成本费用，还要考虑分摊其他职能部门的部分费用。从贡献毛利提成到净利润提成，实质是从部门经营者到公司经营者的思维转化，或者是从公司经营者到集团经营者的思维转化。这个思维转变，是从员工到股东身份转变的前奏。

二、从后端绩效到股权激励的跨越

从后端绩效到股权激励的跨越，分为 4 个阶段。

1．超利分成模式

某物流公司，考核其销售副总的指标如表 7.11 所示：

表 7.11　某企业销售副总考核指标

考核内容	考核指标	权重（%）	指标计算或评价方式	评价人或数据提供部门
公司净利润	3 000 万元	40	实际完成率加权计算	财务部
公司营收	15 亿元	30	实际完成率加权计算	财务部
管理项目	管理项目完成率	30	完成率到达 85% 以上。不足 10% 扣 2 分，不足 50% 不得分	人力资源部

该副总年薪为 70 万元，其中基础年薪为 49 万元，按月平均发放；21 万元为绩效年薪，年终按计分比例发放，若计分不足 50%，则不发放绩效年薪。

考核规则如下：

A．考核得分 95 分及以上，绩效年薪兑现 = 管理年薪 ×1.2；

B．考核得分 90 ～ 95 分，绩效年薪兑现 = 管理年薪 ×1.1；

C．考核得分 80 ～ 90 分，绩效年薪兑现 = 管理年薪 ×1.0；

D．考核得分 60 ～ 80，绩效年薪兑现 = 管理年薪 ×0.8；

E．考核得分 60 分以下，绩效年薪为 0。

同时规定：公司净利润完成超出 3 000 万元的部分（公司实得）×10% 作为对个人的奖励。这就是超利分成模式。假如 2016 年，该副总实际考核得分为 94 分，利润完成 3 100 万元，则其年度收入 = 基本年薪 49 万元 + 绩效年薪 23.1 万元 + 超利分成奖金 10 万元 = 82.1 万元（见表 7.12）。

表 7.12　超利分成示意

	年薪设为 70 万元			合计收入
	基本年薪	绩效年薪	超利分成奖金	
销售副总	49 万元	23.1 万元	10 万元	82.1 万元

2. 身股分红

如果说超利分成是一种绩效激励，那么给予身股就是从绩效激励转向股权激励的开端。比如该销售副总，如果连续两年都能享受到超利分成，那么到第三年启动身股激励，如 1% 的身股分红。

例如，2017—2018 年，该副总连续两年都享受到超利分成，则 2019 年启动身股激励。如果 2019 年利润能够达到 3 200 万元，则按照 10% 进行身股分红。如果 2019 年利润达到 3 300 万元，考核得分 96 分，则其年度收入 = 基本年薪 49 万元 + 绩效年薪 25.2 万元 + 超利分成 30 万元 + 身股分红（3 300 万元 −30 万元）×1%=136.9 万元（见表 7.13）。

表 7.13 身股分成示意

	年薪设为 70 万元			股权激励	合计收入
	基本年薪	绩效年薪	超利分成奖金	身股分红	
销售副总	49 万元	25.2 万元	30 万元	32.7 万元	136.9 万元

3. 虚拟注册股

身股分红激励连续享受两年后，可再将身股分红股转成虚拟注册股。与身股分红股相比，虚拟注册股除了享受分红权外，还享受财富增值权。

例如，该销售副总 2019—2020 年两年均享受到身股分红，那么从 2021 年开始，身股转成虚拟注册股。假如 2021 年利润达到 3 500 万元，超利分成条件 3 000 万元不变，身股分红条件 3 200 万元不变，绩效考核得分为 96 分。该企业股本总额为 500 万元，该副总 1% 的身股分红转换成 1% 的虚拟注册股，即 5 万股。那么这 5 万股即享受 1% 的利润分红，也享受企业每股净资产收益，只不过要等到兑现条件达到时方可兑现。假如 2021 年每股净资产是 20 元，则该副总 2021 年收入 = 基本年薪 49 万元 + 绩效年薪 25.2 万元 + 超利分成奖金 50 万元 + 身股分红 34.5 万元 =136.9 万元。同时考虑到虚拟注册股财富收益 100 万元，当年该副总累计财富收入是 236.9 万元（见表 7.14）。

表 7.14 虚拟注册股分成示意

	年薪设为 70 万元			股权激励		合计现金收入	合计财富收入
	基本年薪	绩效年薪	超利分成奖金	身股分红	虚拟注册股财富收益		
销售副总	49 万元	25.2 万元	50 万元	34.5 万元	100 万元	136.9 万元	236.9 万元

4. 实股激励

假如该企业发展良好，到 2022 年上市，则该副总的虚拟注册股转成实股 5 万股，假如上市当日股价为 50 元 / 股，则 5 万股财富收益为 250 万元。

这就是一份企业对高层管理者实施股权激励的典型样本。

总之，实施股权激励是一种相对来说更加复杂的激励手段，但通过股权激励，让员工成为企业的主人，能够更有效地调动员工的积极性，员工在实现自我价值的同时，也提升了企业业绩。因此，企业根据具体情况进行具体分析，实施合适的股权激励方案，在一定程度上也将有利于实现企业的绩效增长，最终使企业得到更进一步的发展壮大。

本章回顾

1. 股权的核心是三权，分别是：分红权、_____、表决权。

2. 股票的三权分立，即分红权、增值权、表决权相互剥离。其中，只有分红权，没有增值权和表决权的是身股；只有增值权，没有分红权和表决权的是_____；有分红权和增值权，没有表决权的是_____；既有分红权，又有增值权和表决权的是实股。

3. 股权激励和绩效激励有着九大区别，具体内容有：

（1）_____不同；

（2）覆盖比例不同；

（3）_____不同；

（4）法律受限不同；

（5）_____不同；

（6）激励指标不同；

（7）＿＿＿＿＿＿＿＿不同；

（8）激励资源不同；

（9）＿＿＿＿＿＿＿＿不同。

4. 绩效管理是实施股权激励的基础，因此，在进行股权激励前要做的绩效准备有：

（1）进入考核；

（2）＿＿＿＿＿＿＿考核；

（3）＿＿＿＿＿＿＿考核；

（4）＿＿＿＿＿＿＿考核。

5. 从后端绩效到股权激励的跨越，一般分为4个阶段：

（1）超利分成；

（2）＿＿＿＿＿＿＿＿＿；

（3）虚拟注册股；

（4）＿＿＿＿＿＿＿＿＿。

第八章

职业发展透明化

通过工作报酬，人们的基本物质需求相对容易满足。那么在工作中，人们还有什么其他的追求，人们工作的动机又是什么？

《哈佛商业评论》曾经刊登过一项研究报告，报告由沃顿商学院的分析团队与Facebook合作，向Facebook员工发出问卷，调查了人们的工作动机。最终他们发现，激励人们工作的三大因素，分别是：职业生涯、团队和追求。

在这三大要素中，"职业生涯"关系到工作本身，它的满足意味着一份有自主权的工作，这样的工作能让你发挥自己的优势，促进你的学习和发展，这是人们工作的根本动力的核心。而"团队"要素关系到人，它的满足意味着你感觉到被尊重、被关心、被他人认可；团队能促使我们彼此交流，并且让人们有归属感。"追求"要素则关系到目的，它意味着工作者认为自己能够产生有意义的影响，认同组织的使命，并且相信组织能够对世界做出贡献，这是让工作者感到骄傲的源泉。

第一节 职业发展不能成为儿戏

一、重新认识位子

要理解位子如何激励员工，首先要对位子进行全面认知。位子的核心是"一名三要素"，一名即职位名（称），三要素即"责、权、利"，如图 8.1 所示。

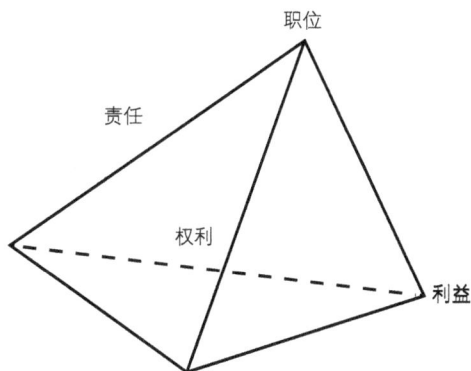

图 8.1 "一名三要素"

1. 一名

名，即职位名称，也是称呼。被人称呼董事长，便会感到自豪，因为名意味着名头，更意味着权力。实际上，不同名称对应不同的角色。

例如，员工、主管、经理、总监、总裁，这 5 类角色的区别是什么？很多企业没有说清楚，导致人们理解错误，造成管理混乱。

比如某餐饮企业在全国有100多家分店，其职位架构如下：基层员工→前厅经理→店长→督导→营运总监→CEO。

基层员工负责具体的前端服务，包括迎宾、点单、上菜、服务、埋单操作。

前厅经理负责前厅服务员工作的安排，工作中问题的协调，高峰期服务的帮助，还包括训练员工提升技能等。他的角色是班长，是最基层的管理者，通常管理几个或几十个人。主要职责可以概括为：培训员工，以身作则，工作安排。

店长负责统筹前厅和后厨，负责整个门店的管理，不仅对内，而且对外协调食药监等各种机构，协调前厅和后厨的工作，解决重大疑难问题，确保门店达成经营业绩。

督导负责督促几家门店的工作。这里面很难界定的一个问题是督导该起到什么作用，只是督促，还是帮扶？因为督导与店长的工作有很大的交叉甚至是重合，且大多数督导是从店长晋升上来的，其责权利难以界定清楚。业界通常有两种做法：一种是把督导定位为大区经理，对辖区内的店长有管理、培训、奖罚、撤换的权力，就好比省长和市长的关系。另一种是特战队模式，是帮扶小组，如货品帮扶小组、培训帮扶小组等。

营运总监负责整个营运部的工作安排、大的战役布局、政策出台，以及开关店的决策等。实际上是参谋总部和司令部的角色。

简单来说，员工、主管、经理、总监、总裁，对应的是"点、线、面、体、全局"。

◎ 员工是点，把本岗位的工作做好，岗位就好比是一个个的点。

◎ 主管是线，把同一职能下的相同岗位工作管好，比如销售主管，就是把十几个销售业务员管好。财务会计主管，就是把财务会计这条线上的工作管好。客服主管，就是把客服这条线上的工作管好。

◎ 经理管面，销售部门经理要把销售线不同职能的工作管好，包括销售前端、中端、后端，包括销售业务，也包括销售后勤。

◎ 人力资源部经理，要管理四大职能——选、育、用、留，同时要管理4条线——招聘线、培训线、考核线、薪酬线。

◎ 总监管体，总监需要跨部门管理，比如生产研发总监，既管理生产部，又管理研发部；销售总监，既管理国内销售部，又管理国外销售部；人事行政总监，既管理人力资源部，又管理行政部，还管理总经办等。

◎ CEO 对全局负责，对整体负责。

2. 三要素

职位的核心是 3 个要素：责、权、利。

责有两层含义，一是指分内应做的事，是职务上所对应事物应承担的义务，如职责、尽责任、岗位责任等，内容包括职责和目标。二是指没有做好自己工作，对不利后果应当承担的责任或强制性义务，这就是考核指标。所以承担责任，就意味着职责、目标和考核。

权就是权力，是个人职责范围内可支配的力量，包括对物的支配权及对人的管理权，是集体赋予主体（个人、领导者或领导团体）支配公共价值资源份额的一种资格。最主要的权力有 3 种：

◎ 人——考核权、奖罚权、任命权；

◎ 财——预算审批权、资金动用权；

◎ 物——经营决策权。

利就是利益，也就是得到的好处。利益有物质的也有精神的，包括工资、福利及名誉等。既包括短期的，也包括长期的。

如果要让个体或者组织承担一定的责任，就应该赋予其完成责任必需的权力，并给予其与所承担责任对等的利益。只有责、权和利三者对等统一，形成相互支持、促进，又相互牵制、规范的"等边三角形"，各项工作才能顺利进行。

3. 当前企业职位设置中出现的问题

（1）名头与责权利脱钩

我在国有企业待了 7 年，从一名普通职员做到总经理助理。后来我跳槽到一家中德合资企业，担任公司人力资源与行政总监、行政委员会成员。我自认为升职发展十分迅速，对于自己的前程充满了自信。

两年后，由于个人职业发展原因，我被猎头推荐到一家民营企业。没想到我一进公司，就发现这家公司有一大批"总监"，我身处其中，并不见得地位有多高。经过仔细询问，我发现这家公司的所谓"总监"，其实只是个小主管的角色，手底下带着 2～5 个人，平时进行些带教和日常管理，没有相应的权力。

而在外资或者规范管理的企业，从普通员工，到专员、主管、部门经理，再到管理几个部门的总监／副总裁，最后到 CEO，是有明确的职位晋升序列的。不同职位对应不同的责权利。单就权力来说，作为人事行政总监，我就享有考核奖罚权、晋升调配权，有权批准和决定经理级别以下员工的晋升和调配（经理级及以上，由公司行政委员会决定）；有预算审批权，预算范围内 50 万元以下的额度，可签字签批，等等。

这让我明白了，规范管理企业，责权利必须是统一的，但在某些民营企业，责权利是脱钩的，可能有责无权，有名无责，或是有责无利，种种情况都有可能。一旦脱钩，名头就可以随便给，因此，这家公司的高管甚至给我提建议，建议我把职衔名称改为公司常务副总裁。

（2）责任与权利失衡

第一种表现：责重权轻——责任大于权力，巧妇难为无米之炊。没有对人力、物力的领导权，空泛的责任如何谈起？巧妇难为无米之炊，把一项任务交给一个人或组织的时候，一定要赋予其相应的权力，只有拥有相应的权力，做事才不会畏首畏尾，这样办事效率也才能大大提升。当然，权力也不能滥用，组织赋予权力仅仅是为了完成工作，不能利用权力损公肥私、中饱私囊。

第二种表现：责轻权重——干部不作为，尸位素餐。权力越大，责任就越大。权力是有责任的权力，如果不能履行本职位的责任，就没有任何理由掌握权力，也没有资格享有相应的利益。在企业中，经常会有个别干部，虽然是在领导岗位上，但是没有很好地认识到自己的角色，做事瞻前顾后，怕得罪人，不敢使用企业赋予他的权力，以致团队绩效一塌糊涂，个人也没有明显的成长。

第三种表现：利寡责重——丧失动力之源。在企业内部部门之间或者部门内部同事之间，做同样的事情却非同等的待遇，同样的事情做好或者做不好都可以得到同样的待遇，就会使员工内心不平衡，丧失工作的动力。吃大锅饭，做多做少，做好做坏都一样，对于那些真正承担责任、把工作做好的人的积极性无疑是一种打击。

第四种表现：利丰责轻——拿钱不干实事。责任与利益应是统一的，有多大的责任，干多少事情，才能有相应的利益回报。利益应与责任成正比，责任越大，获得的利益越多。而利丰责轻，很明显是一种不公平的现象。

（3）位子是放开还是收紧

权力很烫手，但人们对权力又趋之若鹜。企业应该多设置位子吗？是放开还是收紧？如果放开，实行脱钩策略，会稀释位子的含金量，导致员工不重视，助长骄傲情绪。但如果收紧，一位难求，拼资历熬年限，又会导致员工等不及而跳槽，企业缺乏活力。

二、52%的公司失败缘于不胜任的管理者

美国学者《梯子定律》作者劳伦斯·彼得博士，经过长期观察得出一个惊人结论：52% 的公司失败缘于不胜任的管理者。众多的基层员工无法胜任工作可使企业效益不断恶化，而某一位不胜任的领导人可能导致企业瞬间倒闭。怎么判断呢？有 3 个表象：

A．业绩长期低迷，或者持续下降，或者没有增长。

B．归因于外，不强调自我贡献，更多强调外在因素。

C．评判部属的标准发生变化。不以成果价值和贡献来评判，而以制度的执行来评判部属。例如，过度重视员工是否遵守规范、礼仪和制度之类的事，看重规则与秩序。不是论功行赏，而是论资排辈。

实际上，一个错误的晋升带来的影响远非如此。请看一个案例。

一个服装店老店长离任，要晋升一人为新店长。怎么晋升呢？老板和几位高管商量，从几位候选人中选出业绩做得最好的发布任命。结果呢？干了不到一段时间，员工抱怨，业绩下滑，主管自己离职！这就是典型的"不升不死，一升就死"。员工干得好好的，一晋升就"死亡"。员工不愿意当主管，因为操碎了心，还没赚到钱。

错误晋升背后的原因是什么？归纳下来，有以下 4 点。

第一，升迁标准太单一。

学而优则仕，这是官场；绩而优则仕，这是职场。业绩是一个非常好的评价标准，但也往往变成了唯一标准，这是有严重问题的。业绩好，只能代表过去，不一定能代表未来；业绩好，可能有天时、地利、人和等多种因素，在新时期、新地域、新岗位、新状况下，还能不能带来持续的业绩增长，还要继续进行观察和判断。一个好的业务员不一定是好的业务经理，为什么？因为能力要求不一样。优秀业务员的核心能力要求是搞定客户；而业务经理，能搞定客户固然很重要，但是搞定员工的能力更重要。

第二，选拔任命看眼光。

由于标准单一，又由于能力标准难以量化，导致很多企业在选拔人才方面缺乏一套科学的选拔程序。凭感觉，论印象，看表现等，往往成为企业最主要的选拔手段。越到高层，这个现象越严重。很多企业家会想，我经营企业二三十年，经历了多少风浪，见识过形形色色人等，因而对自己判断人的眼光非常自信。

这是一个严重的误判，虽然阅人经验丰富，但是你作为老板，很多信息是不知道的，是被下属屏蔽掉的；尤其当老板掌握生杀大权时，员工在你面前表现得会更加小心，只表现好的，掩盖不好的情况。

从另一个角度看，当年企业小，人数少，谁干得好谁干得坏，老板一清二楚。但当企业大了，有上千人、上万人的时候，再凭感觉和眼光就有严重问题了。

第三，新官上任少扶持。

员工不胜任，还有一个本质原因，是没有经过严格的训练培养和帮扶。用一个合格乃至优秀的标准，去要求一个刚上任的部门经理，这显然是操之过急的。谁都有一个从不熟悉到熟悉再到精通的过程，如果没有给予过渡期，或者过渡期太短，都是不可取的。

此外，没有带教，没有帮助，没有培训，没有扶持，没有政策倾斜，就把员工丢到主管的位置，"活得下来就是胜利，活不下来就是失败，胜利是英雄，失败是狗熊"，这种简单粗暴的模式，会导致晋升的存活率极低，其结果是十个新官九个跑，爽一把就死，三把火烧完就走人。

第四，不胜任走人没面子。

新官上任后，由于没有扶持，结果会出现两种情况：一是经过艰苦历练生存下来；二是业绩不达标，各方面不满意，没面子走人。哪种情况居多呢？

有一家公司曾经想要快速扩张，但又缺乏大量的地区公司总经理，怎么办？矮子里面拔将军，挑选出大量优秀的销售总监，经过短期培训后迅速补充上位。考核期3个月，结果10个有8个流失掉，损失惨重。为什么会出现这种情况？总结下来有3个原因：第一是没有多通道发展，千军万马走独木桥。从销售员到优秀销售员，到团队总监到优秀团队总监，再往上升职就是分公司总经理，这条发展通道太窄，而要想获得发展，大家却又只有这条道路可走。第二是公司欠缺容错文化，一切唯业绩论。那些在短期内花了大量精力培养的人才于未来有利，但短期内业绩增长难有突破，在公司是很难生存下来的。第三是没有铺垫，在任命员工时就要把话说清楚："每个人的发展都是一个探索的过程，公司希望你能全力以赴，胜任总经理角色。但是每个人都有自己的特长，如果管理走不通，可以走专业通道，当一个顶尖的销售大师也是好事。"

总之，能干成就好好干下去，实在不行再回来当总监，在专业通道上进行发展也是一种成功。这个预防针要提前打，否则很多人干不下去又回不回来，最后被迫走人，实际上是面子害死人。

三、职业发展模糊化的危害

由于位子的稀缺性，及其对应责权利的一体性，企业给员工位子（尤其是管理层位子）是慎之又慎的。至于给到什么位子，如何给到位子，且看以下案例。

> 和我同办公室的一位前辈，业务能力非常强，资历也不错，但就是因为说话心直口快，迟迟得不到晋升。该同事几次想跳槽走人，但囿于国企优厚的福利待遇，又几次作罢。在经历了漫长的等待后，终于等到晋升的那天了，我们都去祝贺他："恭喜啊，早就应该晋升了。"晚上庆祝会上，大家一边祝贺，一边倒苦水发牢骚。所谓迟到的激励是处罚，在这样的情境下，激励又能达到什么效果呢？

从国有企业出来后，在民营企业工作数十年，我发现情况大不一样。由于责权利脱钩，位子随便给，民企的任命模式便呈现出另一番景象。

> 某物流企业近几年发展速度非常快，持续跑马圈地带来的是人才不足，只好一方面加大招聘力度，另一方面快速培养人才，迅速提拔一批年轻人上位。表象来看，这是好事，说明了公司发展快机会多，只要有能力敢闯敢拼的人就都有机会。但实际情况并非如此，过早地压担子使得大量年轻人不堪重负，意愿不够，能力不足，导致很多年轻人打退堂鼓。

　　我去访谈这些年轻的管理者，结果让我十分吃惊，大多数人说的都是："我不想坐这个位子，老板非逼着我坐。"这让我想到一个场景，敌方大将来挑战，我方主帅升帐问："谁愿意接受挑战？"结果没有一个人应答，将领们都低着头，生怕主帅点到自己。没有超强的意愿和足够的准备，把这样的将领派上战场，还能打赢战斗吗？

　　以上两个案例，谈到了两种极端情况。一是长期不提拔，熬资历痛苦地等待；二是短期快提拔，意愿不够强烈。实际上，这都是同一种类型：任命模式。长期以来，大多数企业都是采取任命模式去激励员工。任命模式有 3 个表现。

（1）以企为主

　　企业是主体，所有晋升发展、位子设置，是为企业生存发展服务的。企业发展了，有位子，就能晋升。没有位子空缺，就要先等待。如果企业发展得慢，员工晋升发展就慢，这个时候能人等不及就会跳槽。如果企业发展得快，员工晋升发展就快，这个时候就容易出现能力断档、人才断层。以企为主的核心是"企业为大"，激励员工的实质是为企业服务。

（2）考察评议

　　上级通过考察下级的业绩、能力、人品、态度等，进行多维度综合评判，来确定任命谁来承担这个位子。考察评议的权力在上级，在各级权力部门，在组织人事部。上级考察下级，上级主动，下级被动。上级知晓，下级不一定知晓，甚至很多时候都不知道自己在被考察。考察后，再集体评议，这个时候评议的规则就非常关键了。如果多数人同意，但有一人反对，这个任命就有可能被否决，尤其是当这个反对的是关键人物时，更容易被一票否决。

（3）结果异议

　　由于员工参与性不足，考察评议中并未沟通员工的意愿，乃至很多企业到了任命那一刻，员工都还不清楚，甚至有很多员工明确表示，不想晋升。这个时候企业犯难了。于是花很多时间精力去说服当事人，即使勉强同意，意愿度也不强，结果是有一天业绩滑坡，老板责骂，该员工第一句话就是："我当初不愿意，是你们逼我干的。"呛得老板一点脾气都没有。更为可怕的是，这会产生一种氛围和文化，反正公司是老板的，老板说了算，他们说晋升谁就晋升谁。

由此看来，以企业为主体，以任命为形式的职业设置模式，对于留住员工、激励员工的作用是有限的。如何为员工设计职业发展规划，用事业留住员工的"心"，从根本上解决人才保留的难题，这是企业必须考虑的头等大事。

第二节 职业发展透明化设计

人往高处走，水往低处流。这是人性。但同时心有余而力不足，又说明人是有能力发展的空间的。所以唐太宗有一个著名的观点：用人如器。意思是，人就好比是吃饭的工具，有的人是筷子，有的人是勺子，有的人是碗。夹菜用筷子，喝汤用勺子，盛饭用碗。这个道理大家都知道，用人也是如此。要知人善任，用人所长。而不是喝汤用筷子，夹菜用碗。企业用人，就要根据人的特点，为人才设置多种通道。

一、搭梯子——通道透明化

1. 发展模式多样化

今天是一个价值观多元化的时代，有些人进入公司希望快速出人头地；有些人期望安安稳稳，最好不要有风险；有些人希望工作氛围轻松活泼；有些人希望广泛涉猎获取更多人生经验。这些多元化的价值观，加上组织发展多样化，决定了员工的发展模式多样化。

员工发展模式具体有几种：第一种是传统的金字塔模式，从销售员晋升到销售主管，到销售经理，再到销售总监。或者从一星级销售员到二星级、三星级、四星级，最后到首席销售顾问，这是职位级别上的晋级。第二种是横向发展模式，从销售部调动到市场部再到人力资源部……横向调动扩展的是知识面和从业经历。对于很多大型企业来说，要晋升为 CEO，必须有横向多个部门的工作经验，比如 GE 前 CEO 伊梅尔特，在晋升为 CEO 前，在 GE 市场部、销售部、全球产品管理、GE 塑料、GE 家电、GE 医疗等多个部门担任职务。第三种是岗位常青树模式。就是在一个岗位上待着，也没有前进动力和发展需求，"平平常常就好"。第四种是裂变模式，如店铺经营，从原来的一个店铺裂变为若干店铺，这个店长从老店到新店，不断把新店扶上正轨，等等。

2. 职业晋升多通道

匹配组织的发展模式，员工的职位晋升将是多通道模式。纵向通道包括两类：一是职位发展多通道，二是职级发展多通道。横向发展通道，就是打通管理线、专业线、职能线的横向关联。

如在海底捞，员工的发展有三条路径。一是管理晋升途径：新员工→合格员工→一级员工→优秀员工→领班→大堂经理→店经理→大区总经理→海底捞副总经理。

二是技术晋升途径：新员工→合格员工→一级员工→先进员工→标兵员工→劳模员工→功勋员工。

三是后勤晋升途径：新员工→合格员工→一级员工→先进员工→文员、出纳、会计、采购、物流、技术部、开发部→业务经理。

二、设条件——标准透明化

在企业内部，员工要晋升，得具备 3 个条件。

一是基本条件，就是符合公司价值观的需要。这其实是考察员工的道德品行，价值观不符合公司要求的，一票否决。比如要晋升一个部门经理，但是这个人斤斤计较，没有大局观，或者违背公司诚信为本的价值准则，严重背离公司价值观，有才无德，那就不得晋升。

二是资格条件，即员工在本职岗位上工作业绩优秀。如果在本职岗位上工作业绩不合格，是很难晋升到上一级职位的。

三是能力条件，当价值观吻合，当前岗位工作业绩也优秀时，还要看他的潜力是否能够胜任高一级岗位，比如一个好业务员就不一定是个好的销售经理。

在12年前，我所在公司准备从内部提拔一名租赁部经理。候选人锁定了两位：一位候选人张明，客户服务意识好，个人素质高，业务能力强，几乎没有他搞不定的客户；另一位业绩屈居第二，个人业务素质比第一位稍弱（第一位会7国语言），但比较热衷于团队活动，经常组织和参与公司各项比赛。到底晋升谁呢？在无法预估未来的情况下，只能通过过去的业绩对比，最后结果，相信大家猜得到——"绩而优则仕"。业绩好的被提拔为租售部经理。

接下来发生的事情，出乎大家的预料。业绩位居第二的那位，感觉自己没有机会，向公司提交了辞职报告。但3个月后，刚提拔为租赁部经理的那位，也向公司提交了辞职报告。这是为什么呢？

这是典型的"好业务员不一定是好的销售经理"。运用能力素质匹配模型，这个案例就可以看得非常清楚。

首先，对业绩排名第一的业务员张明进行能力评定，如图 8.2 所示。

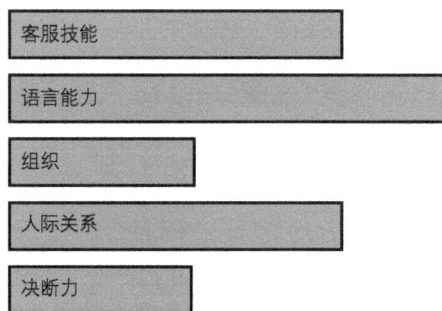

图 8.2　对业务员进行的能力评定

从图 8.2 中可以看出，张明的特点是具备超强的语言能力和良好的客服技能。由于公司租赁部业务员的职责是要与外方（包括美资、德资、日资、法资等企业）打交道，帮助解决租售合同谈判及相关租赁事宜的处理，良好的语言沟通及客服技能是成功的关键。这也是为什么在租赁专员岗位上，张明干得如鱼得水轻松自在的原因。

但现在把他提拔到销售部经理的岗位上，他要做的是制定目标、分解下达、激活团队、提升业绩等工作。这需要较强的组织协调能力、团队激励能力，包括搞定员工的决断力。而这些正是张明的短板，搞定客户不等于搞定员工。

在这个案例中，因为能力不匹配，即使"强行"提拔员工，最终也无法获得企业想要的结果。因此，在员工晋升上，标准透明化，设定好条件，员工与企业双向选择，是更为可行的方法。

三、勤考察——操作透明化

搭好梯子，设好条件，谁能够爬升，关键看谁符合标准。对每个人来说，梯子都在，条件都有，如果达到了，不管你是谁，都可以对照执行，这就是透明性、公开性和公允性。但这毕竟是一种理想状况，因为并不是每个指标都能做到完全量化，更由于组织时刻处于发展变化中，所以员工要晋升发展，还需要一道关键程序——考察评估。

考察评估具体分为 3 个阶段：前期人才评估，中期竞聘上岗，后期试用考察。

1. 人才评估

企业应每年一次对公司人才进行评估，从两个维度着手：一是工作绩效，二是综合素质。其实就是看业绩条件和能力条件，价值观是一票否决项，不计在内。人才评估就是把人才放进 9 个方格里，看看其表现（见图 8.3）。

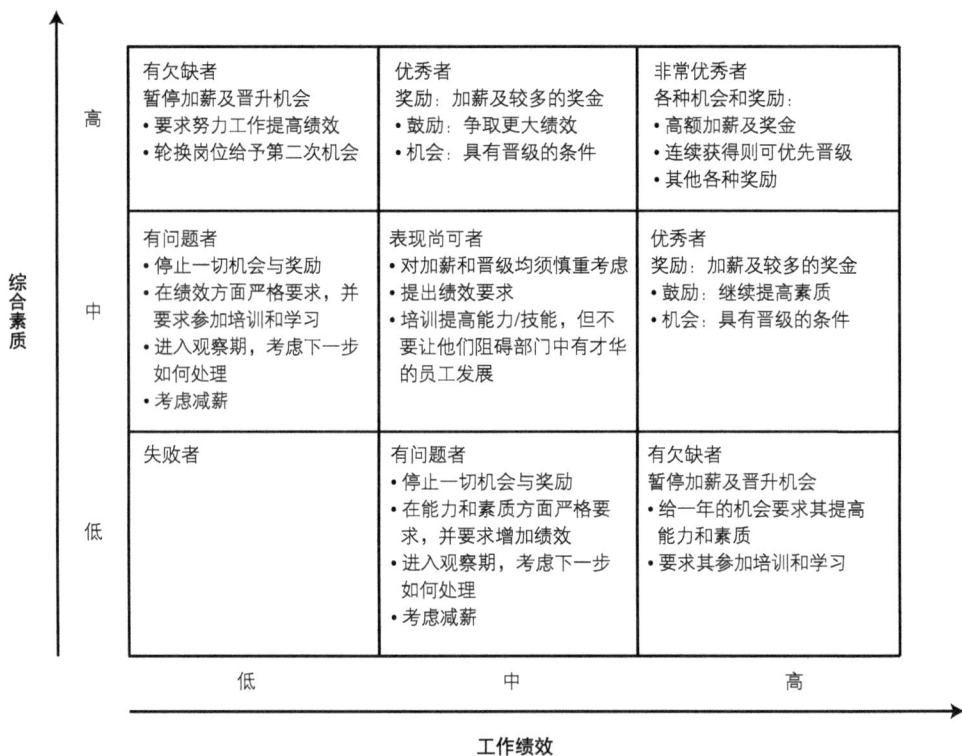

	低	中	高
高	有欠缺者 暂停加薪及晋升机会 • 要求努力工作提高绩效 • 轮换岗位给予第二次机会	优秀者 奖励：加薪及较多的奖金 • 鼓励：争取更大绩效 • 机会：具有晋级的条件	非常优秀者 各种机会和奖励： • 高额加薪及奖金 • 连续获得则可优先晋级 • 其他各种奖励
中	有问题者 • 停止一切机会与奖励 • 在绩效方面严格要求，并要求参加培训和学习 • 进入观察期，考虑下一步如何处理 • 考虑减薪	表现尚可者 • 对加薪和晋级均须慎重考虑 • 提出绩效要求 • 培训提高能力/技能，但不要让他们阻碍部门中有才华的员工发展	优秀者 奖励：加薪及较多的奖金 • 鼓励：继续提高素质 • 机会：具有晋级的条件
低	失败者	有问题者 • 停止一切机会与奖励 • 在能力和素质方面严格要求，并要求增加绩效 • 进入观察期，考虑下一步如何处理 • 考虑减薪	有欠缺者 暂停加薪及晋升机会 • 给一年的机会要求其提高能力和素质 • 要求其参加培训和学习

综合素质（纵轴） 工作绩效（横轴）

图 8.3 人才评估九宫格

第一类：非常优秀者，综合素质高、工作业绩高。这类人才是公司的宝贝，要给予票子、位子、面子等多种激励，照顾好他们的需求，让他们发挥更大价值。

第二类：优秀者。有两种表现：一种是工作绩效高，综合素质中等；另一种是综合素质高，绩效中等水平。对这类员工要给予适当的激励倾斜，同时鼓励进一步提升素质和绩效水平。

第三类：表现尚可者。这类员工工作绩效和综合素质都处于中等水平，谈不上好也谈不上差。对这类员工要给予培训，提出要求，并进行鞭策，不能让他们成为混日子的"白兔"，或者没有绩效的老好人。

第四类：有欠缺者。有两种表现，一种是综合素质高但绩效水平低，另一种是综合素质低但绩效水平高。这两类情况需要解释一下，所谓综合素质高、绩效水平低，类似于"怀才不遇"，看似综合素质水平都不错，但就是产出不了业绩，有些时间长的感叹命运不公，其实他的原因并不是"老天不公"，而是自己的努力不够。另一种情况绩效水平高但综合素质低，或者是业绩不多但野心勃勃。

第五类：有问题者。即综合素质一般业绩很差，或者业绩水平一般但素质差。

第六类：失败者。业绩差，素质差，或者是业绩差道德水平差。这种情况，基本上是立即淘汰型。

需要说明的是，人才评估是定期制度，人人都要照镜子，看看"自己眼中的自己"和"别人眼中的自己"是不是吻合。同时，这也是一次自我反省和改进提升的过程，需要评估双方都有一个好的心态。

从员工角度看，每个人都不是圣人，都有自己的优缺点，人才评估会的目的就是全面客观地看待自己，觉察自我认知和他人认知间的差异，从而更好地改进提升自己。从企业角度看，对每个员工进行相对客观公正的评估，防止"近亲效应""光环效应"和"以偏概全"，为未来的人才培养、使用、选拔、晋升等提供决策依据。从人力资源角度看，可以对公司当前人才状态进行系统评估。

2. 竞聘上岗

如果说人才评估是前期考察，是站在企业角度去评估和判断员工；那么竞聘上岗就是给符合条件的员工一个公平参与的机会，是从员工角度去判断人岗匹配。其目的有两个：一是看员工的意愿，二是看员工的能力。如果员工没有意愿，不愿意参与，企业强行任命的结果只会是一厢情愿。不想当将军的士兵不是好士兵，但今天价值观多元的世界，不想当将军的士兵太多了。从另一个角度，员工有意愿，但有没有能力，竞聘上岗也是很好的一个甄别手段。

3. 试用考察

与新员工试用期制度类似，试任期制度是针对刚晋升的员工专门设置的。例如，部门经理可设置 3 个月的试任期，总监一级设置 4 个月试任期。其核心有3 方面的内容：一是在试任期内，降低考核标准和要求。这个道理很明显，如果一个人刚一晋升就表现为非常合格，说明这个员工早就该晋升了，或者说这个人才被企业埋没了很多年。同时降低标准和要求，也是为了给新晋岗位设置一个过渡期，毕竟接触新角色和胜任需要一个过程。

二是在试任期内，公司给予适度支持，比如资源倾斜、行动帮扶、高管交流等，目的是让员工迅速胜任，而不是让他自生自灭，或者通过事实证明是行还是不行。这就好比开荒种地，刚开始就要除杂草平整土地，种上树苗以后还要多浇水、多施肥、多照顾，才能有收成。

三是试任期回流。如果试任期评估后双方都痛苦，那么允许员工再回到原岗位或者调换到新岗位，不至于因为不胜任管理岗位，而流失了一个好的业务员。

通过这些设计，企业提供给员工的职业发展之路将会相对公平、公允而透明，有利于助推员工与企业同步发展，获得一个双赢的结果。

第三节 职业发展透明化的操作

企业关于职业发展透明化的具体操作有两点，具体如下所述。

一、基于员工发展

西贝作为国内首屈一指的餐饮品牌，以"闭着眼睛点，道道都好吃，不好吃不要钱"的宣传口号，成为"口碑营销"时代的宠儿、众多餐饮企业乃至跨行业学习的对象。以下是小张在西贝的职业发展经历。

> 我的朋友小张是一名厨师，抱着学习的心态去体验了西贝莜面村。从一进门服务员的微笑迎宾，到热情的点餐服务，再到开放厨房里厨师的熟练操作……每一处他都看在眼里。"从来没有见过员工氛围这么好的餐厅。"这是他的第一个念头。

> 在用餐即将完毕的时候，服务员上来问了小张一句："请问今天的菜合您的口味吗？有什么觉得不好吃的我们可以给您更换或者退掉。"小张随口说了一句："如果这个羊肉再多爆炒一会儿会更好吃，不过不用换了，只是同行切磋，提个小小的建议。我已经吃好了。"但服务员执意要给他退掉，接着还来了一位主管，送给他两杯酸奶，并与他交流这个菜怎么做更好吃。"如果我能早几年进入这样的餐饮企业发展，肯定比现在强多了。"这是小张心里的第二个念头。

那么是什么让西贝的员工可以这样用心地为顾客服务？在西贝体验以后，小张便决定跳槽到西贝工作。入职两个月后，他有了答案：在西贝工作，有归属感。这种归属感是：在西贝工作，什么困难都不用怕，只要大胆努力去干，总会有收获。什么困难都不怕了，不就是有归属感吗？然后他向我分享了这两个月的经历。

当时，他去西贝应聘的是炒菜厨师，几个管理者试菜后觉得他手艺还不错，但是当下店里不缺炒菜的厨师，只有一个明档的档口缺人手，而且给的工资也没有原来高。说实话，小张心里并不情愿去做档口，档口琐碎的事特别多、特别累。后来厨师长跟他说，半年之内一定给他涨工资，而且只要炒菜需要人手，一定第一时间把他调去炒菜；如果真的想发展，公司接下来还会开很多新店，可以选择到新店去，做得好做到厨师长还能分红。就这样，他勉为其难留了下来，心里还是有些不如意。

小张在档口工作的过程中，感到非常不顺利。本来档口的工作是两个人干的，另一个人动作比较慢，后来又被调到了其他岗位，再加上本来档口的工作就还没有捋顺，一到忙的时候，手忙脚乱的，与此同时小张跟其他人的配合也不顺利，他给厨师长提出了很多建议都没有被采纳……遇到了种种困难，在各种压力下，小张觉得自己喘不过气来，真心想离职。

他把自己的想法跟厨师长讲过后，厨师长说道："你放心地去干吧，你是新来的，干不完我肯定会找人来帮你，即使干不好也不会怪你，这是我的责任。"

厨师长的这句话让他心里很暖，他心想："就是要离职也一定要干好了再走，不能让别人瞧不起。"而厨师长不仅说自己承担责任，也在一直帮助他，陪着他一起解决问题，在最困难的时候，丝毫没有放弃小张。

两个月下来，工作都捋顺了，原本需要两个人的档口，现在小张一个人就可以顺利地完成。即使忙的时候，他也不会手忙脚乱。而且现在大家对他都很好，厨师长有时候还请他吃个饭喝个酒，还有阿姨帮他洗帽子洗工服……

最近，小张刚刚参加了支部的年会。这是他第一次参加年会，晚上11点开始，到凌晨2点结束。虽然工作了一天很累，但他一点都不觉得累，玩得很开心，还表演了节目，领导给他发了红包。更让人兴奋的是，一个摘菜房的阿姨获得了集团的优秀员工，在集团年会拿到了奖金2万元。做得好的店长和厨师长在集团年会上甚至可以拿到十几万元的奖金。

这些让小张看到了在这里工作的希望，他相信自己可以做得更好，能拿得更多，他对自己充满了信心。

从这家企业的做法，我们可以看出什么呢？对比企业任命模式，员工发展模式有以下三大不同。

（1）以人为本

员工是企业的核心，员工的成长发展，员工的能力准备度、意愿准备度等，决定了企业的兴衰成败。优秀企业如海底捞、西贝、胖东来等，都坚守这样的信条：如果没有合适的人才，宁可不开店。以人为本，才会激活每一个个体，从而为企业发展准备方方面面的人才。

（2）意愿优先

探讨员工发展模式，首先考虑的就是员工的发展意愿，考虑员工期望在哪条道路上发展，毕竟强扭的瓜不甜。这是一个双向沟通、持续探讨的过程，也是一个帮助员工寻找职业"生涯锚"的过程。由于认知的局限性，很多员工对自己的未来发展存在片面的认知，这时候上级主管持续与员工进行沟通，既能了解员工的思考动向，又能对员工进行正确剖析。这是交心的过程，能够缓解双方因长期不沟通造成的情感缺位和职业发展危机。

（3）结果认同

员工发展模式，一头连接着企业，一头连接着员工，是在企业发展和员工发展之间架起的一座桥梁；是基于企业组织发展，对员工职业生涯发展的提前规划。因此，以人为本，能塑造员工的认同感和归属感。

二、培训考核双管齐下

如家酒店 CEO 孙坚对他的员工讲："你们的工资是靠自己的双手赚到的，你们也不要期望公司能给你更多的钱，虽然没有公司可以给你更多的钱，但公司能给你更多的机会。公司在发展，每个人都有机会去成长，在成长的过程中，公司会给员工'养料'。即使是最基层的员工，公司也会不断去培训，如果他是一个认真和有学习意愿的人，他可以凭借自己的努力挣到比今天更高的工资。当他看到身边的同事 3 年以后变成了中层干部，比如一位切菜的工人变成总经理，一个维修工今天已经管两家酒店了……因为这些例子就在他的身边，他就会认识到公司所说的是真的……"

在如家，店长能否晋升取决于一个很重要的指标就是人才培养。公司特别强调店长每年输出干部的人数。管理层的职业发展，都是靠不断培养人来积累提升的。而对公司的发展来说，一个区域每年要开 50 多家新店，人从哪里来？就是从每个店的店长培养的人中挑选出来的。如家的员工发展晋升之路，也属于一套组合拳设计。前面的胡萝卜就是职业发展通道，而当中给的养料，就是培训跟进；后面惩罚的大棒，就是考核机制（见表 8.1）。

表 8.1　如家考核机制

胡萝卜（职业发展通道）	养料（培训跟进）	大棒（考核机制）
大区经理	每年 1~2 次在职培训，有区域层面的，有集团层面的，每期 12~13 天	
区域总经理 （管理 4 ~ 5 位资深店长）		
资深店长 （管理 15 ~ 30 家店）		
优秀店长 （管理 2 ~ 3 家店）		
酒店总经理（店长）		营收和利润，占 40%；客户满意度、基层管理占 50%；人才培养占 10%
驻店经理 （可以独立管一家店，但还有待锻炼）		
运营经理		
主管		主管考察，看工作表现
底层员工		

而华为公司，则建立了以选拔制为核心的干部管理机制，即在成功实践中选拔干部，在关键事件中考察干部，在业务实战中磨砺干部的干部管理机制。公司在干部选拔上，坚持"猛将必发于卒伍，宰相必取于州郡"的理念，以"上过战场，开过枪、受过伤"为基础，基于责任和结果，优先从具有一线成功实践经验、从影响公司发展的关键事件中、从长期坚守艰苦地区和艰苦岗位的人员中选拔干部。

在干部任用上，不求全责备，不虚位以待；在干部评价上，实施干部能上能下机制，实施 10% 的不合格干部末位淘汰机制，用危机感促进干部担责冲锋；在干部激励上，鼓励担责、给火车头加满油；在干部发展上，坚持自我学习、自我提升的原则，促使干部在战争中学习战争，在战斗中提升能力，对一定层级以上的干部进行按需流动，针对关键岗位构建干部预备梯队；在干部监管上，坚持

"监管是对干部最大的爱护",通过有效监管、查处分离、宽严有度,让干部既能大胆行权,又不逾矩。

这些优秀企业在职业发展设计方面的机制,值得我们深挖研究并且学习运用。

本章回顾

1. 激励人们工作的三大因素,分别是:_____、团队和追求。

2. 位子的核心是"一名三要素",具体包括:职位名称、_____、权、_____。

3. 位子所赋予人的"权"就是权力,最主要的权力有3种:

(1)人——考核权、_____、任命权。

(2)财——预算审批权、_____。

(3)物——经营决策权。

4. 一般企业职位设置中出现的问题包括以下几种:

(1)名头与责权利脱钩。

(2)_____。

(3)难以把握位子是放开还是收紧。

5. 错误晋升背后的原因是什么?归纳下来,有以下4点:

（1）升迁标准太单一。

（2）＿＿＿＿＿＿＿＿＿＿＿＿＿＿＿＿＿＿。

（3）＿＿＿＿＿＿＿＿＿＿＿＿＿＿＿＿＿＿。

（4）不胜任走人没面子。

6. 对比企业任命模式，员工发展模式有三大不同：

（1）以人为本。

（2）＿＿＿＿＿＿＿＿＿＿＿＿＿＿＿。

（3）结果认同。

第九章

奖罚激励荣辱化

在前面各章中，我们提到了大量的激励机制，比如营造高绩效导向文化、基本工资浮动制、绩效工资差异化、PK机制常态化、股权激励绩效化等，这些激励多是从结果角度思考的，其本质是"绩效即是产出"；而本章主题"奖罚激励荣辱化"，将侧重于从行为过程和态度投入两个角度思考，介绍如何控制过程，缔造结果。

第一节 重新定义奖罚

奖罚至关重要，但人不敢轻易触碰。奖罚做得好，激励一个人，带动千千万。奖罚做不好，激励一个人，打击一大片。由于操作难以把握，造成很多企业敢奖不敢罚，或者既不敢奖也不敢罚。

我在辅导企业的过程中，常常会观察一个地方：企业公告栏里的内容。一般企业的公告栏，内容就是安全检查、节假日放假、会议安排通知等。稍微好一些的，有员工表彰和奖励。但共性是：奖励占多数，处罚没有；或者既没有奖励，也没有处罚。这也让我深入思考重新定义奖罚的必要性。

一、奖罚是双向承诺

企业是一个营利性组织，要以持续盈利、基业长青为目标。但企业又是一个规范化组织，强调规则和价值观。任何一个员工进入组织内部，必须遵循组织规范和规则，否则各行其是，组织必将分崩离析。

很多民营企业存在一个现象：敢奖不敢罚。为什么不敢罚呢？因为害怕！

怕员工走人，怕引起负面影响，怕打击员工的积极性。甚至有企业家向我反馈，现在的企业员工，别说你要罚他，就算你只是说他几句，可能他就不干了。

我有一个学员，经营了一家酒店，其员工大部分是90后。这些年轻的员工有着非常鲜明的特点：追求自我，性格各异，喜好千差万别。其中相当多的人是独生子女，家里面经济条件都不错，对工作的态度和上一辈人有着巨大的差别。

某月，某部门有一名员工连续上班迟到，下班早退。部门领导开会批评了该现象，结果这名员工就不来上班了。部门领导打电话也不接，发短信也不回。因为担心他出意外，部门和人事部负责人特意上门家访，看看到底是什么情况，结果一敲门，出来的人是该员工的母亲，一听说是公司领导，母亲开口便指责："我们孩子在家里都没有受过这么大的委屈，到你们酒店工作就出现了这种情况，你们怎么能这样？"说得该部门和人事部负责人哑口无言，他们心里充满了这样的困惑："这是怎么了？现在的员工心理承受能力怎么这么差？怎么连这点批评都受不了？"

不敢批评、惧于奖罚，难道成了发生在民营企业中的普遍现象了吗？且看另一个完全不同的案例。

在这家企业中，绝大多数员工都是农民工，但是他们表现出的产业工人素质，以及对制度的理解和遵从度都非常高。

苏州德胜洋楼，被日本管理大师河田信认为是中国管理的一种范式，与泰罗制、丰田汽车并称美、日、中"三大代表案例"。这家被哈佛纳入管理案例的企业，也是把农民工改造成绅士的企业，在企业管理实践上有什么秘诀呢，又是如何做到的呢？

驱车进入德胜洋楼的波兰小街，街道整洁干净，清新的空气扑面而来，一幢幢洋楼安静地伫立在街道两旁。看到佩戴着胸卡的员工微笑着，你会不由自主地对这个公司背后的管理模式心生好奇。而"德胜形象"在你进入大门时，工作人员做出"请您慢点开，里面有孩子"的善意提醒时，便深深地印在了你的心里。

随后，你进入德胜公司的内部，却发现德胜公司的制度并不严格，甚至有些"懒散"，因为没有其他公司常见的打卡制度，也没有专门人员进行检查，完全靠自觉。甚至休息时间，也可以根据自己的要求而随意调换。

当真真切切地看到公司更多的明文规定时，你往往会更加吃惊。例如，员工不可带病坚持工作，因为领导者认为这是对自己身体的不珍惜；员工在报销费用时，也不会经过无数部门的审核，只需在真实性声明上签字即可。

德胜创办了一个"休宁·鲁班木匠学院"，想要进德胜当工人，就都需要在这所学院中进修学习。学徒在鲁班学院中从简单的桌椅制作开始，到学会制作复杂的八仙桌、太师椅结束。这时他们会拿到"匠士"证书。值得一提的是，这家学院不但不收费，而且负担学徒的生活费。这让很多学徒都感觉不可思议。

或许现在你已陷进对这家企业的深深惊叹之中，因为并不是每一家企业都能够完全信任员工。显然，这家公司与中国大部分强调制度的企业不同，它是人性化管理的典范。

但就是这样一家与众不同的企业，没有把"以人为本"挂在嘴边，却非常强调劳资关系："我们之间是一种劳资管理。你们通过努力，可以得到更好的报酬，但我保留随时炒你鱿鱼的权力。报纸上宣传的那种大家像一家人一样的企业文化，那种像朋友一样的管理，是极其落后的。"德胜的领导者聂圣哲先生曾说："我绝对不会虚伪地说，我们是兄弟。我们永远不是兄弟，这个必须讲清楚，我开办公司一开始就是按这个原则办的。"

当然，签订了合同就要按照公司的章程办事，否则便会受到惩罚。德胜认为，"你要抓不好工作，把工作搞砸了，置工作于不顾，那对不起，你损害了公司的利益，你就要受到处罚"；"认真做事就是按程序做事，一件事即使做成了，但如果不按程序做，也等于没有成功"；"什么时候执行了程序，什么时候我们的管理就到位了；什么时候执行了程序，什么时候我们就没有了腐败"。

从德胜洋楼的管理实践中可以看出，人性化关爱和制度化严格管理并不矛盾。实际上，奖罚不是公司单方面的行为，而是企业和员工的双向承诺。

A．奖励，是公司对员工的承诺。员工业绩做得好，超越了同行，达到数一数二的水平，公司承诺对员工进行奖励。员工行事遵守规则，恪守公司价值观，体现出非常高的道德水准，起到标杆示范作用，公司承诺给予精神奖励。

B．处罚，是员工对公司的承诺。工作没做好，低于公司的底线水平，员工要承诺进行改进。违背公司价值观，背离规章制度等管理要求，或者给公司造成重大损失和恶劣影响，员工要向公司进行承诺，接受相应处罚。

C．奖罚，是双向契约精神的体现。市场经济遵循契约法则，公司承诺给员工提供相应工作条件，对员工进行相关技能培训，鼓励努力拼搏和艰苦奋斗，并对员工做得好的成果和事项予以奖励。员工也要对自己的行为规范和工作成果进行承诺，这是契约精神的体现。

二、奖罚无小事

奖罚无小事。因为奖罚既涉及当事员工，也涉及公司所有同事。奖罚既有对当事人的奖惩作用，同时又对其他员工有示范引导作用。

　　2018年，我到一家重型汽车销售公司进行绩效调研，访谈了一位财务部员工。该员工是名牌大学财务专业毕业，加入公司财务部任财务专员，刚入职不到一年即被评为"公司年度优秀员工"。我对她表示祝贺，谁知该员工使劲摇头："江老师，我再也不想当优秀员工了。"这番话让我非常诧异，为什么刚评上优秀员工没多久，就再也不想当优秀员工了呢？她给我讲出了自己的故事。

　　2017年中，该员工入职公司，因其毕业于财务专业，加上本人性格开朗，敢想敢做，在公司不到半年就崭露头角：专业能力强，做事效率高，同事们之间相处随和；交办的事及时处理，领导也很满意，是90后的优秀代表。到了年底，公司要评选优秀员工，名额有3人。往年，优秀员工基本上都出自一线部门，一是公司重视，二是业绩好量化，三是数字公开化。那一年，领导们突发奇想，既然往年的优秀员工都来自一线，今年就要评一个二线部门的优秀员工。于是大家集思广益，最后一致评选该90后员工为公司优秀员工。理由大家也认同：性格开朗，专业能力强，领导们都比较满意。

　　到了年底，企业召开表彰大会，给每个优秀员工颁发聘书以及奖金3 000元。该员工得到了表彰，开始也很高兴，但过不了多久，她就发现，部门里的氛围产生了微妙的变化。因为企业成立至今十余年，极少有二线部门员工被评为优秀员工。大家私下里相互打听：为什么是她？为什么很多在公司里工作八九年、勤勤恳恳的人都没有评上，而她才来公司半年，怎么就成了公司优秀员工？

　　一时间，各种猜测满天飞："她跟公司高层领导是什么关系？""她是不是董事长的亲戚？"该员工吃惊地发现，自己在部门里慢慢被孤立起来。有问题要解决，大家都找优秀员工。要与其他部门打交道，大家都喊优秀员工上。甚至是办公室里桶装水没了，很多员工也喊一句："优秀员工，水没了。"于是，扛桶装水也变成她一个人的活了。该员工讲到最后，眼泪都出来了："江老师，我再也不想当优秀员工了！"

企业对员工进行奖罚自有其目的性和功能性。奖罚无小事，既不能随意奖，也不能故意罚。在今天的企业里，奖罚要考虑两方面问题：

1. 奖出荣誉感

判断是否奖出了荣誉感，观察两个场景即可。

第一个是颁奖现场，看看员工是否激动。不是看台上有多激动（台上获奖人员肯定激动，如果连获奖人员都不激动，那问题就更大了），而是看台下人员是否激动。

我参加过很多企业的颁奖典礼，现场氛围看似搞得很热闹，但仔细一观察，就发现存在很多问题：台上激动，但台下一点都不激动。员工的表现，其实都反映了同一个意思——不关我事。这种企业的奖励不能形成互动，也不能形成一个正向引导氛围。

如果到了奖励做得好的公司，你会发现情形完全不一样。在这些公司的颁奖现场，台下的人比台上的人更激动。台上颁奖典礼，台下积极互动，观众们两手攥拳，身体前倾，两眼放光，眼神中满是羡慕和渴望。这种氛围，就好比在歌唱会现场，好的歌手不是自己一个人陶醉，而是会带动台上台下的人一起享受音乐的美好。

第二个是颁奖后大家的评价。观察这种评价是正向积极的，还是负向消极的。好比是鲜花在绽放，人们会广为赞颂；若是腐臭在飘散，人们则掩鼻避之不及。奖励要是起到了作用，就会激发员工的热情，员工的评价往往是正向的、积极的，感到与有荣焉。

2. 罚出羞耻心

我们通过一个案例，来看看罚出羞耻心的具体含义。

> 冯小刚拍《非诚勿扰》时遇到这样一件事：有一次在北海道拍戏，由于时间紧、任务重，拍戏现场的一个道具没有对接好。这时候，作为导演的冯小刚把日方剧务负责人找过来，向对方说明了情况。日方负责人马上意识到问题的严重性，当下就给冯小刚低头认错，不停地用日语道歉，并且马上找来具体负责道具的一名日方助理，言辞颇为激烈，盛怒下这名日方责任人甚至给了日方助理两记响亮的耳光。这个动作让冯小刚大吃一惊，本以为这名日方助理会据理反驳甚至会拳脚回击，没想到这名日方助理不但没有还手，反而不停地低头道歉，并且一溜烟小跑，快速把道具安装好。这一幕让冯小刚感慨万千，日本人做错事的羞耻感，所表现出来的职业道德，实在让人钦佩。

处罚的核心在于惩前毖后，治病救人。如果没有引发当事人的反省，没有引发其他人的警戒，没有纠正和改变员工行为，那么处罚的作用就微乎其微。

在"绩效增长模式"课堂上，我经常询问学员的一个问题是："在自己过往的职业生涯中，有没有犯过错误，有没有被处罚过？如果被处罚过，当时自己的心态如何？"如果用这个问题来问我们自己，我相信没有一个人敢说自己"从来没有犯过错误"，但肯定有不少人赞同"从来没有被处罚过"。

这个问题里有几处值得我们注意：一是犯错误的性质是轻微还是重大？二是当时的上级领导是如何处理这个问题的？三是自己的心态如何？

古人云，知耻而后勇。持有开放的心态，认真检查自己的过失，防止类似的事情再次发生，同时教育他人引以为戒，这才是正确的处理态度。

3. 奖罚不当会引发反作用

杰克·韦尔奇在通用电气第一年的经历，让他深刻认识到奖罚要匹配的重要性。

那一年，杰克·韦尔奇的工作表现优异，年底时公司决定给他涨薪1 000美元。这在当时是一个不小的数字，杰克·韦尔奇非常高兴。但当他得知同办公室的4个同事都涨薪1 000美元时，就再也高兴不起来了。他感到自己的贡献被低估了，公司这样不分贡献大小，平均分配的行为是不公正的。韦尔奇十分沮丧，并向他的上级主管反映此事。上级主管回答说会考虑，此后却石沉大海。韦尔奇感觉这样的公司一定没有前途，于是向公司提出了辞职。就在他准备办理离职手续时，他的上司的上司，一个在公司里很欣赏他的高管得知此事，连夜给韦尔奇打电话详谈，劝韦尔奇留下来，并承诺给韦尔奇涨薪。事后，高管说到做到，再次给韦尔奇涨薪2 000美元。韦尔奇看到了新的希望，最终决定留下来。如果没有这次的挽留，可能通用电气的历史将会被改写。

经过这件事，韦尔奇在掌管通用电气后，对公司的绩效制度进行了大刀阔斧的改革。他推行271法则，出台末位淘汰制度，对做得好的人员给予重奖，拉开绩效奖励差距，由此开创了通用电气的韦尔奇时代。

韦尔奇的经历反映了很多企业存在的问题：不适当的奖励，对员工不是激励。

一般情况下，不适当的激励有三种表现：第一种，不足额的奖励就是处罚，不足额的处罚就是奖励。奖要让人动心，罚要让人痛心，运用之道存乎一心，度的把握很重要。第二种，不及时的奖励就是处罚，不及时的处罚就是奖励。激励一定要及时，时间一过，大家都想不起来了，激励效果几乎为0。第三种，不匹配的奖励就是处罚，不匹配的处罚就是奖励。给兔子吃胡萝卜，给鱼吃蚯蚓，给老虎吃肉，给羊吃草，匹配的激励才能符合员工的实际需要。

总而言之，奖罚无小事，想要充分发挥奖罚的作用，企业需要根据情况妥善处理，奖到让员工满意，罚到让员工惊心。

<h1 style="text-align:center">第二节 奖罚体系构建</h1>

企业奖罚体系的构建分为两个部分，我们首先来看第一部分。

一、荣誉体系的构建

企业的荣誉体系构建可以从两个层面（个人和集体）、两个角度（价值观和业绩贡献）进行。详细内容如图 9.1 所示。

	个人	集体
价值观	人人需遵守的价值观	集体意识和团队氛围
业绩贡献	个人业绩贡献	团队业绩贡献

图 9.1 企业荣誉体系的构建

1. 价值观激励体系

君子爱财，取之有道。道是指做事方式，也就是价值观。遵循正道，用诚信、公正、利他之心做事，用艰苦奋斗精神创造最大化客户价值，这对企业的未来发展太重要了。对价值观的重视，不但体现在日常工作行为上，全体员工要身体力行；而且要从制度上设置奖罚机制，用制度的力量规范员工行为，使员工养成良好的工作习惯。

阿里巴巴的价值观考核常为人们所称道。"六脉神剑"六大价值观包括客户第一、团队合作、拥抱变化、诚信、激情、敬业。这些内容并没有停留在口头，而是落实在了行动上。每一项都有具体解释和详细内容，对应的是不合格、合格、良好、优秀和楷模五个行为评价标准。按照这些标准，员工对自己的行为等级有了直观的衡量，先给自己打分，主管或者直接领导再给予评分确定，最后的分数纳入总考核，比重达50%。

同时，阿里巴巴还把高管团队的价值观与奖金进行捆绑，价值观得分的高低直接关联奖金的高低。即使绩效达成了100%，如果价值观不合格，当年的奖金分配资格自动取消。同时，必须保证连续两年的价值观考核达到良好以上，才有资格参与干部选拔。

这样一来，考核价值观的过程就转化成了全体员工对价值观的理解，激发了员工对价值观真正的认可和尊重，最终促使全体员工在工作当中始终如一地践行企业的价值观。对于阿里巴巴来说，"让天下没有难做的生意"这一使命是目的地，价值观就是高速公路上的红绿灯、双黄线、斑马线，而游戏规则要按照价值观来制定。

通过比照阿里巴巴，我们认识到：真正优秀的企业，从员工的角度来说，要让每一位员工都能认同企业的文化，形成共同的使命、目标和价值观；从企业的管理来看，需要有配套的价值观激励体系，对员工加以激励与约束。最终，全体员工方向一致，力量往一处使，推动企业成长为伟大的企业。

2. 组织氛围激励体系

如果说价值观激励是期望员工严格遵守和弘扬公司所提倡的行为，那么组织氛围激励就是发挥价值观所达到的成果。企业是营利性组织，必须拧成一股绳，让 1+1 的作用大于 2，才能在竞争激烈的环境中生存下来。

多年前，华为公司刚刚开始往自主研发产品方向转型。由于转型的时间并不长，所以在产品能力的积累上，和世界竞争对手相比并没有什么很明显的优势。但是华为公司的前线人员在抢夺市场上那一往无前的精神，却令竞争对手望而生畏。实际上，这正是因为任总一直倡导的"胜则举杯相庆，败则拼死相救"的核心价值观在发挥着作用。

胜则举杯相庆，是一种团队文化，它激发了前线员工对胜利的渴望；败则拼死相救，也是一种团队文化，它告诉员工不要害怕失败。一直到今天，这套价值观依旧发挥着至关重要的作用。

华为还有一句话，叫"全营一杆枪"。这句话出自国产电视剧《绝密543》，讲述了一个地空导弹营，有50多辆车，100多个岗位，数百名官兵凝聚为一个整体，聚焦一个目标，把雷达"开机发射"的时间从8分钟压缩到6秒，创世界防空史上地对空导弹打下高空侦察机的纪录。华为倡导的这句话是指每个岗位、每个角色，围绕胜利这个目标，不断追求把自己的工作做得更好，同时还要看自己对他人的贡献。

企业形成组织氛围激励体系，员工团结一致、全力对外，这样的企业自然拥有所向披靡的战斗力。

3. 业绩贡献奖励体系

在国内，根据业绩贡献建立奖励体系的企业不在少数，其中比较典型的就有华为公司。

华为公司把员工分为3类：普通劳动者、一般奋斗者、有成效的奋斗者。

第一类，普通劳动者，暂时定义12级及以下为普通劳动者。这些人应该按法律相关的报酬条款，保护他们的利益，并根据公司经营情况，给他们稍微好一点的报酬。这是对普通劳动者的关怀。

第二类，一般奋斗者，就是要允许一部分人不是积极的奋斗者，他们认为小家庭多温暖啊，想每天按时回家吃饭，这是人的正常需要，对这种人可以给予理解。刚好我们就有一个小岗位，那他可以坐上这个位置，踏踏实实做好小职员。只要他们输出的贡献大于支付给他们的成本，他们就可以在公司存在。或许他的报酬甚至比社会稍微高一点。

第三类，有成效的奋斗者，他们要分享公司的剩余价值，我们需要这些人。分享剩余价值的方式，就是奖金与股票。这些人是我们事业的中坚，我们渴望越来越多的人成为奋斗者。

为了激励广大员工，华为的业绩贡献激励体系种类繁多：分为个人和集体、前端与后端、经营与管理等多种类别。

A．金牌奖分为个人金牌奖和团体金牌奖，设置的目的是激励为公司持续的商业成功做出重大或突出贡献的团队或个人，是公司授予员工的最高荣誉性质的奖励。金牌评选的标准：个人奖是每百人中评选出一人，团队奖是每400人评选出一个金牌团队。

B．天道酬勤奖，设置的目的主要是激励长期在外艰苦奋斗的员工，其评选标准包括在海外累计工作了10年以上，或者是在艰苦地区连续工作6年以上的员工，或者是承担全球岗位的外籍员工，全球流动累计10年以上的人员。

C．蓝血十杰奖，是华为管理体系建设的最高荣誉奖，旨在表彰那些为华为管理体系建设做出历史性贡献的个人。忘记历史，就没有未来。华为公司通过设置这个奖项，让更多的人铭记历史，并在蓝血十杰精神的感召下，努力建立一个严格、有序而又简单的管理体系，支撑华为公司多打粮食。所以，蓝血十杰从本质上来讲，只是一个追认机制。它是对历史贡献的肯定，尽管有些贡献在当期并没有得到认可，但是经过时间和历史的检验之后，证明某些员工过去的工作确实为华为后来的发展做出了巨大贡献，最后通过蓝血十杰奖进行追认。

D．既然有一个追溯历史的蓝血十杰奖，就要有面向未来的明日之星奖。明日之星设计的目的，主要是营造人人争当英雄的一种文化氛围。有人的地方就有英雄，因此，华为对明日之星的评选并不追求完美，主要针对那些刚入职不久的员工。只要他们身上表现出闪光点，表现出符合华为价值观的一些行为，就可以参加民主评选，其覆盖率可以达到 80% 以上。

二、处罚体系的构建

无规矩不成方圆，任何组织都有其运行规则，都有其遵循的道德和行为底线。没有处罚体系，或者把处罚手段丢弃，都是无知及自我放纵的表现。处罚体系，实质是企业的底线管理规定。

奖罚是一个硬币的两面，奖是正激励，是正向引导；罚是负激励，是负向规避。通过奖励，可以起到引导员工的正向行为的作用，但奖励只能"奖励 A，引导 B"，奖励对 C 类员工没有作用。处罚是负向激励，是为了减少负向行为的发生，处罚对 C 类员工有作用（见图 9.2）。

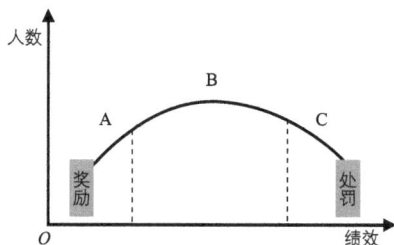

图 9.2 企业处罚体系的构建

为了便于理解，请看下面的案例。

某小学要进行班级数学考试，为了鼓励学生考出好成绩，班主任老师决定出台激励措施。某日召开班级考试动员大会，班主任宣布激励方案：同学们，下周五要进行数学考试，为了鼓励大家考出好成绩，经研究决定，凡考试通过85分的同学，下下周（每天）可以提前1小时放学。这个政策一出，请问哪些孩子会很开心呢？平时考试在85分以上的孩子都很开心，70~84分的孩子跃跃欲试，但是平时考试在60分以下的孩子呢？没有感觉。这就是奖励A，引导B，但对学习成绩差的孩子没有效果。为了鼓励学习成绩差的孩子也能够努力一把考出好成绩，班主任又出台了一项激励措施："凡是考试没达到60分的同学，下下周（一周）每天留下来补习2小时。"这个时候成绩在60分以下的孩子可能也急了，为了不被留下补课，赶快努力一下考过60分。

在企业管理中，处罚体系的构建可以分为3个层次：轻微电网、中度电网、天条（见图9.3）。

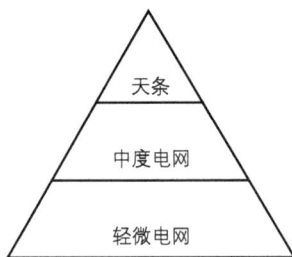

图 9.3 企业处罚体系的 3 个层次

1. 轻微电网

轻微电网，顾名思义，是违规程度较轻的一种惩戒。

组织运行是要有规则的，这些规则对全体员工都具有同样的约束力。比如某公司考勤管理制度规定，员工不得迟到早退，每迟到早退一次，扣罚50元/次。某公司安全管理制度规定，员工作业必须佩戴安全帽，若发现有未戴安全帽者，罚款100元/次。

人非圣贤，孰能无过。轻微电网起提醒作用，提醒员工不要违规，要遵守制度与规则。好比足球比赛的犯规吹哨，轻则指出错误，重则黄牌警告，严重者红牌罚下。

进行轻微电网设计，有两个因素需要注意：第一是违规行为；第二是违规处罚。

关于行为规范，一是内容不宜过多。没有必要搞出几大本，像一部法典一样厚重无比，更没有必要照搬照抄其他企业的做法。

二是行为规范管理要有适用性，符合自己才是最好的。复杂到无法操作，还不如简单几条能够使用，好比海尔当年的管理 13 条。

> 在海尔企业文化中心，有一张已经发黄的稿纸，上面写着13个条款，据说，这是张瑞敏到海尔后颁布的第一个管理制度文件。在这个制度文件中，赫然写着"严禁偷盗公司财产，严禁在车间大小便"……几乎所有参观的人，对这13条无不表露出惊讶，甚至困惑的神色：堂堂海尔，为什么制度的起点竟然是这样的？

> 今天看这13条，你会感到好笑，但这就是当年海尔公司的真实状况，符合当时的形势和员工的现实心理。条款虽然简单，但条条直指核心，都紧挨员工的道德底线。任何一条都让员工感觉"不应该"违背，因此，制度本身具有了极强的可执行性。

三是行为规范要根据企业发展及管理状况，不断进行升级迭代。比如移动互联网广泛运用，有关行为规范就要及时出台。

关于违规处罚：一是形式多样。好比看电视，有经济频道、体育频道、娱乐频道。处罚也分为物质处罚，比如交通违规罚款 200 元；行政处罚，严重交通违法扣分处理，扣满 12 分吊销驾照；还有精神（面子）处罚，比如重新进行交通法规再教育，或者更严重的进行拘留等。

二是单次与累计规则。经济处罚不累计，但是行政处罚要累计，好比两次黄牌计算为一次红牌。

三是企业处罚方式方法的选择，要根据企业员工状况而定。二三十年前，员工迟到早退罚款 50 元，是很重的，对员工有很强的警戒作用。但是今天，迟到早退罚款 50 元可能一点作用都没有，此时就要考虑其他更适合的处罚方式。

2. 中度电网

如果说天条是"对付坏人"的，那么中度电网就是针对"好人"的，针对企业里的"老好人"。阿里巴巴董事局主席马云曾经和史玉柱等人辩论过一个问题：在企业里，到底是坏人危害大，还是老好人危害大？最终马云说服了史玉柱，认同企业里老好人的危害更大，要干掉"老白兔"。马云是这么分享的：

> 小公司的成败在于你聘请什么样的人，大公司的成败在于你开除什么样的人。大公司里有很多老白兔，不干活，并且慢慢会传染更多的人。因为坏人有坏人的行为表现，周围的人能察觉，会警惕、提防他。大家有了提防，他造不成太大危害，或者造成的危害是一时、短暂、一次性的，危害不持久。而兔子人缘好，讨大家喜欢，但它不出业绩；兔子最爱繁殖，比谁都爱繁殖，不停地繁殖，找同类，生出大量小白兔，形成兔子窝，霸占着岗位、资源和机会。如果一个公司有大量核心岗位被兔子霸占，形成"兔子窝"文化，就会失去战斗力，失去市场机会。

我深切认同马云的想法，而且我认为，在企业内部有一些"老白兔"是从"小白兔"成长起来的，但还有些是从狼群蜕变形成的。在企业里有这么一批人，当年跟着老板一起创业打江山，出过力卖过命，是企业的功臣。但这些功臣慢慢地懈怠了，开始享受生活了，没有了当年的闯劲和干劲，慢慢蜕变成"老白兔"。而且这些老白兔身上还有很多的臭毛病，对各种事物看不惯，言必称"当年我跟老板打天下"。由于其身居高位，他所形成的"老白兔横行"文化更可怕。要打破这种故步自封、不担责任的状况，就要坚决淘汰"老白兔"和"小白兔"。

行动教育历经十多年发展，形成了很多具备特色的企业文化。全员低底薪高绩效文化，恪守诚信为本和实战实效文化，坚守用户价值和内部淘汰文化。在行动教育，没有人可以躺在功劳簿上睡大觉。对于销售人员来说，前年业绩好被评为销售冠军，去年业绩平平没有进步，今年业绩低于红线就可能被"干掉"。即使是集团的核心导师，也会面临同样的考核压力，如果每次授课学员评分低于92分（行动教育有一套自己的课程评估体系，每次授课完毕学员会登录课程应用软件客户端，进行线上评价，所有的评估都是公开透明的），要停课进行课程整改。如果连续3次低于92分，要终止课程讲授。

正是由于这种严苛的要求，才造就了行动教育的课程满意度和客户口碑双高。客户的满意，从侧面反映了行动教育集团绩效激励模式卓有成效。

3. 天条

相比轻微电网，天条是对重大违纪违规行为的处罚，是高压线，任何人都不能触碰，一碰就"死"。比如员工侵吞公司资产，中饱私囊，营私舞弊，吃拿卡要等，属于严重违纪违规行为，一经发现，立即解雇且公司有权依法追究法律责任。不仅如此，今天诸多企业还加强合作，共同打击组织内部的违法违纪活动。

早在2014年，万科和阿里提出国内优秀企业共享不诚信职员名单的构想，得到了中集、顺丰等企业响应。2015年6月18日，中国企业反舞弊联盟在上海成立，向社会发出反舞弊的响亮声音。凡已被联盟成员公司确认有行受贿、侵占公司财产、出卖公司商业机密、利用职权谋取不当利益等行为，被解除劳动合同且内部公开处理的人员，均属于不诚信职员。2017年6月，这套共享系统正式上线，会员单位在系统里的诚信档案中，可查询不诚信职员名单，拒招录不诚信员工。按照构想，不诚信名单还将扩展到供应商，届时将发挥更大威慑作用。截至2018年10月12日，联盟共吸收了279个会员，其中上市公司超过130家，世界500强企业超过10家，中国500强企业有46家。

第三节　奖罚荣辱化操作

管理制度的本质就是4个字："奖罚分明"。任何管理制度的执行，价值观的落地，业绩的突破，团队素养的提升，最终都会体现在"奖罚"二字上。

但要做好奖罚实属不易，对很多民营企业来说，奖惩制度的执行力是关键。我们来看一个故事。

春秋时期，孙武觐见吴王阖庐。阖庐说："你的13篇兵法，我都看过了，可以用来小试一下吗？"孙武回答说："可以。"阖庐又问："可以用妇人来试试吗？"孙武回答："可以。"

于是吴王派出宫女180人，孙武把她们分成两队，让吴王宠爱的两个妃子分任队长，命令所有的人都拿着戟。向她们下令说："你们知道你们的心、背和左右手吗？"妇人回答说："知道。"孙武说："向前，就看心所对的方向；向左，看左手方向；向右，看右手方向；向后，就看背的方向。"妇人说："是。"军法纪律已经宣布完了，然后才击鼓传令让她们向右看。宫女们放声大笑。孙武说："纪律不明确，申述的命令不能让人熟记在心，这是将帅的罪过。"

于是又三番五次地宣讲纪律命令，而后击鼓传令向右，宫女们仍旧大笑不止。孙武说："纪律不明确，申述的命令不能让人熟记在心，是将帅的罪过；既然已经明确了却不依照法令去做，这就是下级士官的罪过了。"说着就预备将左右两个队长推出斩首。

吴王从台上看到自己的两个爱妃将被斩首，大为惊骇，赶忙派遣使者传令说："我已经知道将军你能用兵了。我如果没有这两个妃子，吃东西都没有味道，希望你不要斩杀她们。"孙武说："我既然已经受命为将，将在外，君命有所不受。"说完就把两个队长斩首示众，任用下一名为队长，于是又击鼓发令。宫女们左右前后跪起都符合军令要求，没有人再敢出声嬉笑了。

于是孙武派遣使者报告吴王说："队伍已经操练整齐，大王您可以下来校阅，只要是您想要用到她们的地方，即使您要她们赴汤蹈火也是可以的。"

孙武练兵的故事，实质包含了企业奖惩操作的三大关键动作：厘定规则，三令五申，明证典型。

1. 厘定规则

孙武在训练宫女时，首先是制定规则，告知训练的要求。

奖惩规则的制定，好比法律的出台，要经过严谨规范的过程。厘定规则，是一个从群众中来到群众中去的过程，是一个发现问题、深思问题、解决问题的闭环过程。

首先，奖惩规则要贴合企业现状，解决实际问题。过高或过低的奖惩规则，或者简单照搬照抄的形而上做法，是不负责任的行为，最终结果往往是"竹篮打水一场空"。现在很多企业的奖惩制度是由基层员工定好的，或者是人力资源专员定好的，或者是秘书商量出来的，没有经过实际调研，没有经过反复研讨，没有经过法定流程，这样搞出来的规章制度最终容易流于"一纸空文"，被束之高阁。

其次，奖惩制度的出台要经过法定流程才能生效。按照《劳动合同法》的规定："用人单位应当依法建立和完善劳动规章制度，保障劳动者享有劳动权利、履行劳动义务。用人单位在制定、修改或者决定有关劳动报酬、工作时间、休息休假、劳动安全卫生、保险福利、职工培训、劳动纪律，以及劳动定额管理等直接涉及劳动者切身利益的规章制度或者重大事项时，应当经职工代表大会或者全体职工讨论，提出方案和意见，与工会或者职工代表平等协商确定。在规章制度和重大事项决定实施过程中，工会或者职工认为不适当的，有权向用人单位提出，通过协商予以修改完善。用人单位应当将直接涉及劳动者切身利益的规章制度和重大事项决定公示，或者告知劳动者。"

从法律规定可以看出，法律明确要求制定规则必须经企业员工双方协商。有很多人认为这个程序烦琐，没有必要，只要企业一方审议通过就可以发布执行了，没必要经过多次协商等烦琐程序。实际上，这是个巨大的误解。企业规章制度就是企业的内部法，一旦公布就要坚决执行。但在公布之前，必须对规则内容是否可行做详细探讨。如果规则内容要求过高，就可能导致规章制度无法执行，最后不了了之。

再次，经过多次探讨交流后，还要对奖罚执行进行预先推演。在过往辅导企业绩效的过程中，我经常发现：企业当初定好的奖惩规则，最后完全没办法操作。要么业绩超出标准很多，奖励过于庞大，以至于不敢轻易发放；要么处罚超过范围，完全没办法执行。这其实都是因为没有预先推演，没有把各种可能出现的情况预先场景化呈现。

最后，至为关键的是订立规章制度的角度。许多企业的规章制度，都是从企业、投资人、老板的角度出发。制定的规章制度都是对企业有利的，让员工感觉到一种居高临下的压迫感和不平等，从而让无法选择只能默默承受的员工打心底里产生抵触情绪。这种负能量在不知不觉中慢慢累积，进而对企业发展产生了隐匿的却又是不可估量的损失。甚至会有这种情形出现：员工迟到一分钟你扣了他 10 元，他拧松一颗螺丝就让你损失成千上万元。

2. 三令五申

规则制定出来后，要通过正式或者非正式方式，向员工进行传达或培训，这就是三令五申。孙武在练兵时，三番五次地讲解纪律，就是一个告知员工的过程。

苏州德胜洋楼为了强化对制度的执行力，设立了制度学习机制。

（1）每月1日、15日都要组织制度学习两次，一年二十多次。德胜对制度学习的重视程度高于工作。上班可以请假，制度学习一般不能请假。员工不允许带病坚持工作，但允许带病参加学习。上班不用签到，但制度学习会必须签到。若实在因处理紧急工作无法参加，必须向领导请假，并且自己要另外安排时间自学，否则就是违规。

（2）学习时间一般是半小时左右。学习内容，通常是员工手册中的一部分制度（如"试用员工条例""财务报销制度"等），以及一些企业文化内容和安全卫生等常识。学习的方式，采取大家轮流读，一人读一条。这样每个人都不敢怠慢，都会全神贯注，集中精力，以免轮到自己读时脱节。

（3）制度学习完后，要结合工作上的问题进行讨论，或者做一些工作上的安排。

（4）定期的制度学习和临时性发现问题的训导机制相结合，让员工牢牢记住制度要求，遵循工作规则。

由于每年都要学习二十多次，员工差不多能把相关的制度条款都背下来，这就为制度执行打下了很好的基础。

为了保证制度的实施效果，在规则制定之后，对员工三令五申、反复讲述，是一个必不可少的过程。

3. 明证典型

奖惩的关键在于执行，但为什么制度总是难以执行到位呢？要想执行到位，到底要干些什么？且看海底捞的案例。

当海底捞优秀服务员被晋升做采购工作时，公司会大幅提高他们的工资，同时会明确地告知他们："公司会用各种各样的方法经常调查你是否吃回扣，如果一旦发现吃回扣，哪怕是一斤肉，你都要被立即辞退，而且没有任何补偿。"

可是怎么调查采购员的职业操守？作为海底捞店长的杨小丽为了检查一个采购员的采购工作，特意买了一套大棉袍，把自己从头到脚打扮成一个老太太，在菜市场跟着这名采购人员买菜。他买什么，她也跟着买什么。不仅把每斤菜的单价记下来，还观察他同小贩的关系，然后回到公司核对采购人员的报销。逢年过节，她还故意以某些供应商的名义，给采购人员送礼、送红包，甚至向采购人员要银行卡号。一次，她亲自提拔并且非常信任的一个采购人员，收了她的"礼"没有及时上交，她马上组织采购人员开会，重申采购纪律——24小时内没有上交所收到的供应商礼品，就属贪污！结果24小时过去了，采购人员真的没有上缴。杨小丽果断地开除了这名采购员。"开除他，让我难过了好几天。他真是一个采购好手，公司花了很长时间和心血培养他。但贪污受贿触碰了海底捞的高压线，任何人都不能碰！否则怎么管别人？再说，作为采购人员，你拿着比别的员工高的收入，还不珍惜、不知足，这样的人就不应该是海底捞的人！"

从海底捞采购制度执行的案例可以看出，制度执行需要一定的手段。实际上，任何一个健全的制度化管理都由三大部分组成，这就是制度执行123原则（见图9.4）。

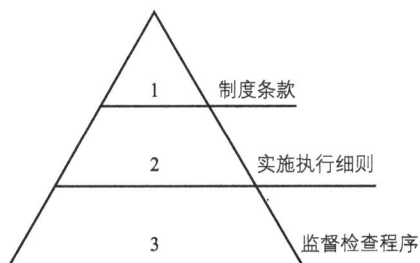

图 9.4　制度执行 123 原则

制度执行 123 原则是指三者之间的比例，实施执行细则和监督检查程序的比重更大。要把制度条款细化成可操作的"实施执行细则"，同时加大检查监督力度。通常，人们不太会做你期望的事情，只会做你检查的事情。没有检查就没有执行，检查力就是执行力。

比如反贪污贿赂，公共机构和许多企业都有相关的制度要求，但缺乏可操作的执行细则，特别是缺乏有效的监督检查程序。谁来检查，怎么检查，按什么样的程序检查，检查者的责任如何细化和量化，如何评估检查者的工作质量与数量，检查者自己失职了怎么处理等，这都是必须在实施执行细则中详细说明的内容。

一般情况下，厘定规则，三令五申，明证典型，把这三大关键动作做好，企业的奖惩操作也就能够收到相应的效果。

本章回顾

1. 重新定义奖罚，要求我们认识到奖罚是双向承诺，这意味着：

（1）奖励，＿＿＿＿＿＿＿＿＿＿＿＿＿＿＿＿。

（2）处罚，_____。

（3）奖罚是双向契约精神的体现。

2. 重新定义奖罚，要求我们认识到奖罚无小事，这意味着：

（1）奖要奖出荣誉感。

（2）_____。

（3）奖罚不当会引发反作用。

3. 企业的荣誉体系构建可以从以下方面入手：

（1）价值观激励体系。

（2）_____。

（3）_____。

4. 企业的处罚体系的构建也可以分为以下三个层次：

（1）轻微电网。

（2）_____。

（3）_____。

5. 企业奖惩操作的三大关键动作：厘定规则，_____，明证典型。

第十章

组合激励的组合实践

现代战争是立体战争，从地面部队到空间力量，各种武器手段多管齐下。其目的只有一个，就是打赢战争。企业组合激励的出发点和落脚点也是为了赢。商场如战场，战场瞬息万变，没有固定模式，各种激励手段在商场中更应配合使用，以达到好的效果。

第一节 动力、能力、执行力三管齐下

激励的作用是有限的，我们不能期望激励是万能的。实际上，激励在实现业绩的实践过程中，起到的作用只有1/3。举个形象的例子：动物园里养着各种动物，猴子、马、鹦鹉和蛇等，现在猴子不愿意爬树，马不愿意奔跑，鹦鹉不愿意飞翔，蛇不愿意爬行。为了引导猴子爬树，马奔跑，鹦鹉飞翔，蛇爬行，动物园管理员采取了一系列激励方法，比如在树上挂上香蕉，或者放只老虎吃猴子，猴子一看有吃的，或者老虎要吃自己，飞也似地爬上了树，这就是激励能起的作用。那么，激励能不能让猴子飞翔呢？能不能让猴子像马似地奔跑呢？很明显，不能。这就是激励作用的有限性。激励只能让激励对象发挥其应有的潜能，却无法激发其新的潜能。

一、激活心脑手模型

业绩是靠人做出来的。除去外在客观情况（所谓尽人事听天命因素外），人的主观能动性也相当重要。这是因果定律所强调的，一分耕耘一分收获，有付出终有回报。在常年研究业绩增长的要素后，我发现业绩增长与人的三大要素有关，即人的"心、脑、手"。业绩诊断模型如图10.1所示。

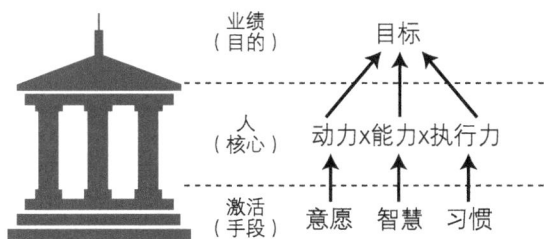

图 10.1　业绩诊断模型

1. 目标达成和三力有关，即动力、能力、执行力

首先是动力。动力也即意愿，有一句话叫作"千金难买我愿意"。"我愿意"，描述的是员工的一种积极主动心态。在企业经营好的时候，业绩增长会掩盖很多问题，即使消极的人，也会喜形于色；反之，当形势下跌时，即使有正向思维的人，也不免愁眉不展。激励员工，就是要把员工的心态从被动转换成主动，让员工急起来！比如一家服装门店，没有客户，没有收入的时候，门店每天还是要支付房租、水电、员工工资，长此以往，入不敷出，这个时候你要去观察员工急不急。其实大部分情况是员工不急！只有一个人急，那就是老板。而好的激励，就是让员工达到这样一种状态：员工很急，甚至比老板还急。

其次是能力，能力也就是员工智慧。为什么要激活员工的智慧？或者说，为什么在激活员工意愿的同时，还要激活员工的智慧呢？用一句话来说，就是"心动脑不动，一切归零"。

在一家公司里面，我们经常可以看到，新来的员工工作状态很好，很希望自己在新的平台上干出一番事业来，实现自己的梦想。但是，现实情况却是，一旦上马开干，不少新员工就很快陷入迷茫状态，非但无法在短期内实现目标，有不少人甚至连基本的岗位业绩都无法达标，更别提业绩突破了。为何会出现这种现象？原因在于，常规的方法，最多只能带来常规的业绩；而只有通过创新的方法，才能带来员工业绩的突破性增长。

举例来说，某服装企业要提升业绩，动不动就搞促销、打折、返利等活动。结果，却造成了品牌价值的稀释，顾客平时的购买量大大减少，最后都选择在打折季购买。此时，一些新员工在思维上就形成了固化现象，一遇到销售上不去，就拿出"打折、促销、返利"的"万能法宝"。实际结果却是，这世上并没有什么万能法宝，继续搞促销活动反而使销售业绩一再下滑。与之相反的是，另一些企业却坚持不打折、不降价，而是通过提升产品品质和价值增值服务来实现销售目标。换句话说，这些企业，不仅激活了员工的意愿，还激活了员工的智慧，从而实现了业绩目标。

最后是执行力。执行力体现在员工的习惯。在员工激励方面，除了从心和脑两个维度，去分别激活员工的意愿和智慧，另一个重要的维度，就是从手切入来激活员工的习惯。不然，心动、脑动，手不动，结果依然是0。

习惯，就意味着员工的执行力。试问，一个员工，如果失去了良好的工作习惯，也就是丧失了执行力，即使他意愿再强，智慧和方法再多，又如何能提升自身价值，实现高绩效呢？

在激活员工的执行力方面，有一个很好的例子。某集团公司董事长，50多岁，工作非常繁忙，但在繁忙的工作之余，还坚持锻炼，每天走一万步，并且坚持了很多年。有时大冬天的晚上吃完饭，都11点了，还要进行体育锻炼，他说一天都不能耽搁。有一次，我问他是怎么坚持下来的。这位董事长告诉我，他们朋友之间有一个微信群，每天必须上传自己的运动成果，如果没达到一万步，一次性赞助一万元！为了这一万元，他也要每天坚持走完！

其实，在这个案例中，就用到了一种激励方法——对赌。这种方法的背后，强调的就是要激活员工的习惯，也就是执行力。

2. 动力、能力、执行力，三管齐下出业绩

三力之间是什么关系呢？是加法还是乘法？还是相互独立、没有关系？实

际上，是乘法关系。

比如你要开拓某项新业务，聘请了一名业务经理，你如何知道这个人是否胜任呢？或者你如何知道业绩能否达成呢？你应该看 3 个方面：一是看该员工动力水平如何，是充满斗志誓死达成，还是意愿平平可有可无，甚至毫无斗志没有动力？二是看该员工能力水平如何，是有非常高的能力，能想出创新的策略方法，还是压根没有策略方法？三是看该员工执行力水平如何，是马上就办立即就干，奋力拼搏不屈不挠，还是浅尝辄止，一遇到阻力就仓皇撤退？

如果用 0 ～ 10 分进行评分，那么 ABC 三类员工的差异是多大呢？

A 类员工，动力是 10 分，能力是 10 分，执行力也是 10 分，三者相乘，总计 1 000 分。

B 类员工，动力是 8 分，能力是 8 分，执行力也是 8 分，三者相乘，总计 512 分。

C 类员工，动力是 5 分，能力是 5 分，执行力也是 5 分，三者相乘，总计 125 分。

这就是差距，需要我们三管齐下去进行激励与改进。

比如对 C 类员工，通过强刺激，改变其动力得分，从 5 分变成 8 分，但能力和执行力没有提升，还是 5 分，三者相乘，总计 200 分。但如果三管齐下，每个能力都提升一点点，比如动力从 5 分提升到 6 分，能力和执行力也从 5 分提升到 6 分，合计就是 216 分。这说明什么呢？三管齐下增长更快。

二、心脑手模型的运用

某三线城市的一家婚纱摄影企业，2017 年的销售额为 5 000 万元，配置有 50 个摄影师，人均产能是 100 万元（每个摄影师每天拍一对夫妇，一年拍摄 200 天，每个夫妇的消费金额是 5 000 元）。由于该企业拍照质量好，后期服务周到，订单不愁，2018 年的目标便定为 1 亿元。但现在问题来了，订单饱和，可摄影师不够。

如何引进和培养摄影师呢？现在运用心脑手模型来尝试解决这个难题。

先来锁定目标。要实现年产值突破 1 亿元，假定人均产值金额 100 万元不变，还需要 50 个摄影师。按照"外部招聘 + 内部培养"的双向思路，外部招聘 20 个，内部还要培养 30 个。

从内部培养角度，如何解决呢？

第一，从动力角度思考。有两个问题要解决，一是有人愿意教，二是有人愿意学。从愿意学的角度看，内部有很多人报名参加摄影师培养计划。原因很简单，当上摄影师有好处，一是收入好，二是地位高。一个普通的摄影助理月收入也就 4 000 ～ 5 000 元，但如果是摄影师，一个月固定薪酬就是 1 万元，加上业绩提成，收入是摄影助理的 3 ～ 10 倍。巨大的未来期待，激发了大量员工学习摄影的兴趣。但另一个问题，有没有人愿意教呢？如果没有人愿意教，这又是为什么？深入分析人性，就很好理解了。中国人有句古话，"教会徒弟，饿死师傅"。就是说，一是把徒弟教会了，对师傅有什么好处？在责权利三者不挂钩不对等的情况下，谁会卖命地教徒弟呢？二是把徒弟教会了，反而导致师傅的下岗和失业。在现实生活中，不乏这样的案例。三是固有的产权私有化观念。这些经验是师傅经过多少年摸索出来的，不能轻易传给外人。企业内部要培养人，出现问题的根源就在这里。很多企业培养不出人才，不是真的培养不了，而是师傅不上心，甚至师傅压根就没打算把这些年积累的经验传递出去。

怎么解决？其实方法很简单，只要把利益进行关联就可以解决师傅的动力问题。为此，我设计了两个机制：一是白纸黑字，把师傅带徒弟的收益和师傅的收入挂钩。师傅按照 1 : 2 比例带徒弟，即一个师傅最多带两个徒弟，在带徒期间，给予师傅带徒津贴按每个学徒 500 元，两个人就是 1 000 元，每月带教考核后发放，打入师傅的工资卡里。徒弟出师后，享受摄影师的提成，但是徒弟要把提成的 20% 永久性地归师傅所有，因为一日为师终身为父。

这个机制虽然很彻底，但也遭到很多人的质疑，那么这个机制的实践效果到底怎样呢？首先，师傅很乐意，因为带徒弟越多，收益越多，乃至以后专门培养徒弟就可以享受大量的分成。其次，徒弟愿不愿意呢？很多人说徒弟不愿意，这是没有设身处地地站在徒弟角度来考虑。要跟徒弟沟通，给到师傅足够的分成，师傅才愿意把真东西教给你，如果你觉得不公平，师傅就没办法真心传授你经验和知识，这是你为了出师必须交的学费，如果你愿意，你出师以后也可以带徒弟，你也可以再享受徒弟出师后给予你的分成。

第二，从能力角度思考。解决了师傅和徒弟的动力机制之后，只有师傅愿意教徒弟愿意学，还不够。还要解决策略方法问题，也就是"怎么教、怎么学"的问题。有人说，这个问题不用考虑，让师傅自己解决，八仙过海各显神通，这种想法是错误的。高品质的产出，必须有高效流程做保证，否则就无法保证徒弟出师后的品质。经过实践证明，落实提取标杆做法后，一个摄影助理成长为摄影师，一般要一年以上的时间。这期间要经历 3 个阶段，第一个阶段是知识学习阶段，摄影就是光的艺术，对于光、取景、照相机等理论知识要学习；第二个阶段是技能学习阶段，要学习拍照取景、画面构造等技能，这个必须通过实际演练操作；第三个阶段是模拟操作阶段，摄影师要尝试着给客户进行拍照，拍摄照片首先是在内部过关，由资深摄影师组成内部评估委员会，决定是否合格。3 个阶段，每个阶段持续 4 个月左右，总计一年时间。每个阶段还需设置两次考试，第一次不通过可以补考一次，两次不通过就淘汰。

最后怎么验证可以出师呢？ 3 个阶段考试顺利通过，毕业还要有一道最终测试，那就是通过客户的检测。由师傅和徒弟共同为客户拍照，各拍 50 张，合计 100 张，让客户选择，如果客户选了 50 张全部是师傅的，徒弟的一张没选，说明徒弟还不能够出师；如果选了师傅的 30 张，徒弟的 20 张，说明做得很好；如果选了徒弟的 30 张，师傅的 20 张，说明"青出于蓝而胜于蓝"。

第三，从执行力角度思考。还要解决一个"有没有教、有没有学"的问题，即执行落实问题。一是与师傅和徒弟双方签订协议，明确师傅与徒弟合作的责权利。把对师傅的激励机制白纸黑字写在合同里。对徒弟也要签订《培训培养协议》，约定明确的服务期。根据《劳动法》和《劳动合同法》的规定，企业出资给员工进行的培训，公司有权约定服务期限。在服务期限内离职，要对公司支付的培训费用进行相对应的偿还。二是制定明确的培训计划，有教学计划安排。三是对师傅要有考评：有没有实施培训，同时实施培训后的学员满意度如何，也要做评估。区分为满意、非常满意、不满意 3 档。评估结果是非常满意、满意的，按每个徒弟每月 500 元发放带徒津贴；如果评估为不满意的，带徒津贴折半发放；如果多次被评为不满意的（连续 3 次），取消带徒资格。四是对学员也要有考评，全年培训区分 3 个阶段，每个阶段进行一次考试，考试合格进入下一阶段学习。连续两次不合格，取消学习资格。

通过心脑手三管齐下，有效保证了师傅带徒弟的学习效果，提高了师傅和徒弟双方对于人才培养的动力、能力、执行力。只有控制过程，才能有效缔造结果。

第二节 以终为始定组合机制

组合激励机制的建立，也应遵循以终为始原则。这样即使在纷繁复杂的现实过程中，遇到了不曾预料到的新问题，也有策略作为指导，有原则可供遵循，从而镇静应变，发挥机制应有的功效。

一、机制背后是企业的经营策略

华为当年为了提升企业形象，规定出差必须住三星级以上标准，拜访客户不能坐硬座，至少是软卧，请客户抽烟档次要提上去。为什么，因为当年国内的电信市场被爱立信等跨国企业把控，对于土生土长的华为，大家并不信任。提高出差标准，是为了提升华为的品牌形象，让客户对华为有一个好印象。

但最近几年，华为的销售业绩达到5 000多亿元，成为世界第一的通讯巨头，任正非反而提出要艰苦朴素，降低出差标准，这也是为了匹配华为的经营战略：以客户为中心，向奋斗者倾斜，长期坚持艰苦朴素工作作风。

由此可见，机制是匹配企业的经营策略的，经营策略不同，机制当然不一样。再看另一个案例。

假如有一家连锁服装企业，旗下有若干门店，公司对这些门店的激励机制是否都一样呢？是采取一刀切模式，还是应该根据不同的战略要求和定位来设置不同的激励机制呢？在实际操作中，我们发现，很多企业采取的激励机制都很单调。业务员按照底薪+销量提成模式，门店店长则有所差别，基本上分3类：底薪+总体销量提成，底薪+毛利提成，总体+净利提成。

有一家企业学习阿米巴模式，人人都是经营者，所有门店都采取利润提成。但问题也来了，经营效益好的门店，店长开心；经营效益不好，尤其是位置偏远的门店，抱怨连天；公司由于快速发展，需要抽调员工或店长进行支持，但谁也不愿意离开自己的一亩三分地。这种情况到底该怎么解决呢？

首先，我们要对门店进行分类。不是所有的门店都是一个定位。按照快速扩张期企业的经营规律，门店应区分为四大类别：新开店、老店、旗舰店、下水店。

企业新开门店都有一个过渡期，也就是从前期投入，到盈亏平衡，到收获投资的时期，在这个时期内的门店，我们定义为新开店。按照行业规律和企业经营特点，快则半年到一年，慢则一年到两三年。老店是指经营走上正轨，盈利相对稳定的门店。旗舰店是指公司基于品牌传统的需要，在特定城市的特定地段，开设的一家带有广告宣传和品牌传播性质的门店。下水点，是指倾销库存和尾货甩卖的门店，比如国内某知名大休闲品牌，按照 12：1 的比例来设置下水店，即在某一城市和地区内，按照 12 家门店配置 1 家下水店来进行区位竞争。

这个策略是非常有必要的，服装企业最大的痛苦就是库存问题，动销率不高就会产生库存，库存过多，门店就不敢进货上新品，新品上不来销售就会持续下滑，最后走向恶性循环。所以对库存的处理要及时迅速，不只是收获成本，更主要是腾出货架空间（也是清理老板的心理空间），加大经营周转力度，实现毛利率和周转率的双向提升。

其次，不同门店有不同的经营策略。新开店、老店、旗舰店、下水店，由于其定位不一样，战略要求不一样，经营策略也不一样（见表 10.1）。

表 10.1 不同门店的经营策略

策　　略	新开店	老　店	旗舰店	下水店
战略定位	战略拓展	经营增长	品牌宣传	库存倾销
绩效指标	增长率	利润率	知名度	资金回笼率

对于新开店，最核心的要求是销量增长，尽快实现盈亏平衡，此时不能用利润来考核，否则就没人来当店长了。对于老店，已经挺过亏损期，正在稳定盈利，要求是保持盈利平衡，实现盈利的稳步增长。旗舰店是为品牌宣传服务的，所以要做好货品上架周转，体现品牌价值和服务体验。下水店是为库存销售服务，重点不在于利润，关键是尽快销售实现资金回笼。

这个案例说明了，机制一定是针对企业经营策略建立的，不了解经营策略，无法制定激励机制。即使照搬照抄其他企业的机制，但如果不知道它的经营策略，抄过来也是没用的。

二、以终为始锁定机制

经常有企业家问我这样的问题：怎样激励才能提高员工积极性？如何激励才能让员工干活自动自发？每当碰到这样的问题，我都会反问："你提高员工积极性的目的是什么？你让员工自动自发是为了做什么？"

这个看似简单的问题，其实背后隐藏着一个道理：激励员工不是我们的目的！看到这句话，请大家不要曲解我的意思。我的本意是，人是企业经营的根本，激励人是非常关键的，但激励人的积极性绝对不是我们做工作的目的，那只是激励的一个过程而已。

举个例子，如果现在要激励你企业的员工，那很简单啊，给每个员工都涨20%的工资，每个月多放几天假，多搞些娱乐活动，员工的积极性立马就会上去。但是，请问这是你要的结果吗？你肯定会毫不犹豫地回答说不是！这中间肯定存在问题。你一定会觉得，这不是你想要的。你想要实现的激励，其实是员工对待工作的积极性，是全力以赴完成工作目标的积极性。

例如，为了实现成本降低5%的目标，就需要改变员工浪费的行为；要改变员工浪费的行为，就需要对节约行为予以奖励，对浪费行为施以处罚。

例如，为了实现新客户收入占比达到20%，就需要改变员工坐销而非行销的行为；要促使员工主动行销，就需要对新客户开拓行为及其结果予以奖励，而下调老客户持续消费的提成比例。

例如，为了鼓励员工团结互助，相互帮扶，实现某项目的团队协作目标，就需要对员工的相互支持与担当精神进行激励。

企业整体激励机制的设计，其实也是参照这个思维逻辑。如图 10.2 所示，为了实现战略目标，要有哪些行为？为了让人们有这些行为，又需要什么样的激励机制？

图 10.2 激励机制的思维逻辑

曾经为了实现武装割据建立红色政权的战略目标，重点要激励受剥削最深重的广大农民，让他们揭竿而起，于是"打土豪分田地"的机制设计迎刃而出。

曾经为了实现四个现代化和人民群众奔小康的战略目标，首先要解放生产力，于是农村家庭联产承包责任制及鼓励发展工商业等政策机制相继出台。

这就是以终为始，匹配具体的情况。匹配的最终目的，就是建立整体激励机制的典型。

第三节 基于人性发展的组合激励模式

从时间角度来看，激励不是某一时间点的动作，而是一个持续的过程。从个体职业生涯发展来看，每个人的职业发展都是一个抛物线，基于人性发展的组合激励，即考虑员工持续发展的组合激励模式。

一、职业发展抛物线定律

人们从事任何一种职业，都呈现出一种抛物线定律（见图 10.3）。

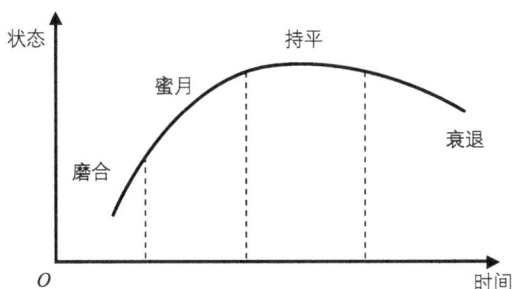

图 10.3 职业发展抛物线

开始是磨合期，也叫适应期，这个时期有长有短，短则 1 ~ 2 周，长则半年到一年，具体依不同岗位而定。一般来说，越是低阶岗位，磨合期越短；越是高阶岗位，磨合期越长。过了磨合期之后，会有一个快速产出工作价值的时期，即为工作蜜月期，这个时期员工对工作的理解逐渐成熟，工作步入高效产出阶段，做起事来得心应手，这个时期是职业生涯的上升期。在不同岗位上，这一阶段的时间长度也不同，大约是 1 ~ 2 年时间。第三个时期是持平期，由于工作技能和熟练程度都已达到最优化状态，工作看起来轻松不费力，这就是我们通常所说的"闭着眼睛都会做"，这个时候是岗位产出巅峰期，也是创新的停滞期。第四个时期是衰退期，此时开始出现惰性，虽然做着事情，但早已没有了新鲜感，工作乏味，如果没有创新及挑战，工作就会进入一个混日子时期。

这个规律可不可以打破呢？可以，那就是进行干预，比如将工作内容丰富化，在工作进入衰退期前进行调岗、转岗、换岗。即使岗位不调整，也可以通过深入探究，在熟悉的领域寻找陌生的增长点，不断强化工作的深度，做到"1 米宽，1 万米深"。这些动作介入后，就可以拉伸岗位产出和价值，进入第二个职业周期循环。

即使在同一家公司不同的岗位，或者同一岗位的不同阶段，这个周期规律也都是存在的。当然，人有不同，生涯发展和职业周期形式也不同。从企业激励角度，即使过滤掉员工的个性化因素，总体来看，依然存在 4 个不同发展阶段，即从员工到管理者，从管理者到经营者，从经营者到合伙人，从合伙人到企业家。这就好比，从一名士兵到将军的成长过程。

第一个阶段：员工期。一名试用期员工，从欠资格上岗到度过试用期，成为一名合格员工；再从一名合格员工，到本岗位优秀员工。这个阶段是提升专业能力及加强自我管理的时期，就像从一名普通人成长为优秀士兵的过程。

第二个阶段：管理者。在优秀员工中，有一批人有意愿有能力，愿意担当，成为管理者。这个时候最大的变化是从管理自己到管理团队，到管理部门，到跨部门管理。这是从一般管理者到优秀管理者的进阶过程。与员工不同，管理者的角色变成了计划、指挥、协调、控制、激励，是打造基本的"连排班长"。其核心职责是把员工变成你，或者说是把一般员工变成优秀员工。比如服务岗位的前厅部经理，他所负责的是线的工作，核心的职能有 3 个：一是培训与训练员工，让其技能提升，让总体人均产值提升；二是执行与监督，一线员工在工作中干得如何，作为管理者是要非常清楚的，要能够觉察、判断出谁做得好，谁做得不好；三是协调与沟通，协调工作中出现的各种问题，对员工进行沟通反馈，以提出可行的建议。

第三个阶段：经营者。成为一个合格的管理者，并不代表其是一名合格的经营者。这既是从部门管理者到经营副总的跨越，从管理走向经营，更多是为收入、利润、投资回报率等负责。从管理者到经营者，做的事就不再是点和线的事，而是面和体的事情。不仅要关注到前端，还要关注到后端资源配置；不仅要关注到当下业绩，而且要关注到未来发展；不仅要关注到投入比例，而且要关注到后续发展。

第四个阶段：合伙人。成为经营者后，对那些愿与公司结成命运共同体的，可以邀请其成为公司合伙人。从事业维度，跨越到命运共同体维度，是企业家精神的打造。如果说从管理者到经营者，是工作范围和职能的跨越，那么从经营者到合伙人，则是重大身份的转型与跨越。

二、激励金字塔模型

　　基于员工发展的抛物线定律，从一般员工走向合伙人之路，伴随着身份的改变，机制也在变化。这里面有 7 层变化（见图 10.4）。

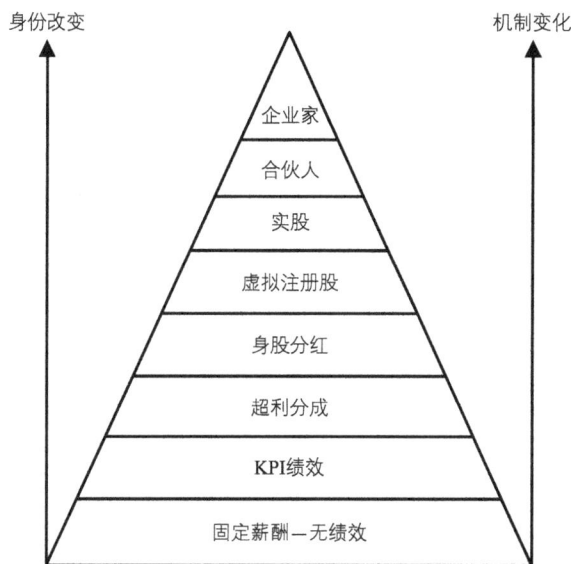

图 10.4　激励金字塔模型

　　第一层：从"固定薪酬（无绩效）模式"到"固定 +KPI 绩效模式"，实际是从一般员工向合格员工的转变。一个合格员工首先要对自己的价值贡献负责。所谓"价值决定价格，作为决定定位"，员工对自己的能力自信，也就会对自己的绩效自信。

　　第二层：从"固定 +KPI 绩效模式"到"固定 +KPI 绩效 + 超利分成模式"，

实际是从合格员工向优秀员工的转变。需要说明的是，超利分成的启动条件是"达成挑战目标"。比如某公司当年利润目标是 500 万元，挑战目标是 600 万元，达到挑战目标后，超利分成"超十分三"，如果年度实际完成额是 800 万元，超利 200 万元，那么就要拿出 30%（60 万元）进行分配，用于激励核心骨干员工。

第三层：从"固定 +KPI 绩效 + 超利分成模式" 到 "固定 +KPI+ 超利分成 + 身股分红模式"，是从优秀员工到核心骨干的进阶。与超利分成不同的是，身股分红（尽管只享受分红权，不享受增值权和表决权）的本质是：员工身份开始从员工到"准股东"的转变，并且不管利润超额与否，赋予员工分红权意味着，只要有利润，只要公司进行利润分红，身股就应该享受相应比例的分红权。例如，当年目标为 500 万元，挑战目标为 600 万元，实际完成为 800 万元，超利分成按照超十分三模式，分配 60 万元。如果再有 5% 的分红权，那么实际分红所得为（800-60）×5%=37（万元）。

第四层：从"固定 +KPI+ 超利分成 + 身股分红模式"到"固定 +KPI+ 超利分成 + 身股分红 + 虚拟注册股（增值权）模式"，是从准股东又往前再进了一层，员工不仅享有当前的业绩分红，更享受长期的资产（股份）增值收益，这是财富的倍增效应。例如，5% 的虚拟注册股，每年不仅享受相应的业绩分红，同时还享受公司净资产（股份）的增值收益，若当初是 1 元 1 股购买，3 年后按照每股净资产 3 元兑现，当初总股份是 1 000 万元，5% 即 50 万元，那么增值收益是 150-50=100（万元）。

第五层：从"固定 +KPI+ 超利分成 + 身股分红 + 虚拟注册股（增值权）模式"到"固定 +KPI+ 超利分成 + 身股分红 + 虚拟注册股（增值权）+ 实股模式"，这个阶段是从准股东到实际股东的跨越，是从法律层面上认定股东身份，好比有了结婚证才能代表夫妻的合法身份。员工不仅享受分红权、增值权，还享受一定的表决权。

第六层：从"固定 +KPI+ 超利分成 + 身股分红 + 虚拟注册股（增值权）+

实股模式"到"合伙人模式"，这个阶段不再是一般意义上的股东，而是公司的核心股东，其对公司的长远发展有着相当的，甚至是巨大的影响。

第七层：从合伙人到企业家，是更大的责任和担当，是企业家精神的综合体现，是企业的精神领袖、支柱和灵魂。

这7层，是一名员工的完整成长历程。在这个过程中，所匹配的激励机制是有所区别的。从企业的角度来看，管理是一门科学，重视对员工的激励，综合运用科学的手段方法，以合理、多样的激励机制调动员工的积极性，发挥员工的最大效能，最终才能使企业在激烈的市场竞争中立于不败之地，实现基业长青!

本章回顾

1. 目标达成和三力有关，即动力、＿＿＿＿＿＿＿＿＿、执行力。

2. 我们想要实现的激励，其实是员工对待工作的积极性，是全力以赴完成工作目标的积极性，这也是＿＿＿＿＿＿＿＿＿＿＿＿设计企业激励机制的逻辑所在。

3. 人们从事任何一种职业，其状态都呈现出一种抛物线定律，分为磨合期、蜜月期、＿＿＿＿＿＿＿＿及衰退期。

4. 员工的职业发展路径，可分为4个阶段，分别是员工期、管理者、＿＿＿＿＿＿＿＿，最后到合伙人阶段。

相关课程介绍

4N 绩效独创"绩效飞轮系统"

"绩效飞轮系统"是著名企业实效管理导师／行动教育董事长李践老师原创的绩效管理模式。经过亚洲绩效管理资深专家江竹兵导师等专家团队研发，历经 20 年企业管理沉淀，走进千家企业实践、市场验证的企业管理模式。

绩效增长模式把企业复杂的管理过程提炼为四大步骤，简单直白、容易理解、容易操作，通过循环往复的转动绩效飞轮，让企业团队形成自动自发的绩效管理系统，建立高绩效企业文化，推动员工成长和企业经营绩效提升。

绩效增长模式导入核心价值：解放董事长一把手工程；让每个人成为利润的发动机，帮助企业增加收入、降低成本、提升效率；让每一个员工明白自己的价值，激发潜能、建立系统，实现员工与企业的双赢。

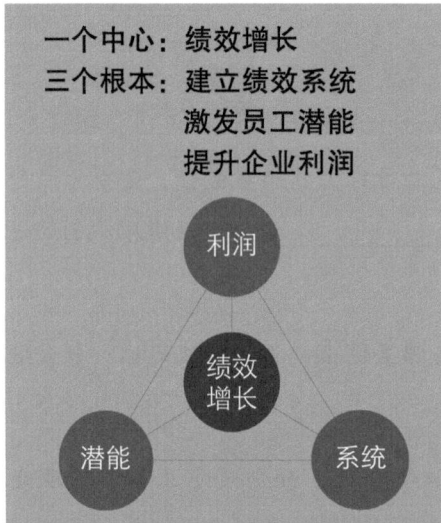

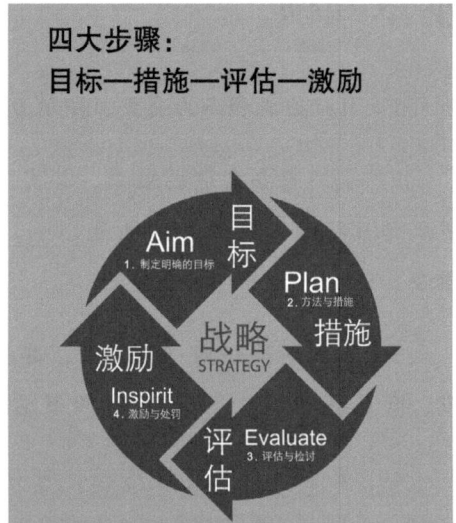

一个中心：绩效增长
三个根本：建立绩效系统
　　　　　激发员工潜能
　　　　　提升企业利润

利润

绩效增长

潜能　系统

四大步骤：
目标—措施—评估—激励

Aim
1. 制定明确的目标
目标

Plan
2. 方法与措施
措施

战略
STRATEGY

激励
Inspirit
4. 激励与处罚

评估
Evaluate
3. 评估与检讨

课程设置
课程时间：3 天 2 夜
课程人数：每家企业 6 人以上
培训对象：董事长、总经理、销售／生产／采购／研发／财务／人力资源等
　　　　　部门负责人和核心骨干团队

"绩效增长模式" 课程全线升级

江竹兵老师 20 年探索与实战总结,从"考核绩效"到"管理绩效"再到"经营绩效",每一个案例、工具和方法都源于亲身实战。上一堂经典绩效课程,避免 10 年辛苦摸索!

通过 3 天 2 夜精品授课,带领团队参与全程实战,掌握 60 个工具 +80 个方法,现场制定绩效方案,落地标杆共享,顾问导师后续跟进执行!

"绩效增长模式" 课程核心内容:

第一部分:
重新定义绩效——让人人成为经营者
1)转变认知:从被动考核走向主动经营
2)一眼看穿:传统绩效七宗罪
3)三大基石:每个岗位都是利润增长发动机
4)绩效本质:员工盈利模式设计
5)增长系统:四大模块运转体系

第二部分:
目标系统——唤醒员工心中的狮子
1)战略目标:寻找下一座利润山头
2)多快好省法锁定核心 KPI
3)制定各部门 3+2 作战计划体系
4)构建价值 400 万兵棋推演系统
5)打造企业可升级迭代的经营母盘
6)运用 KPI+ 制度两手抓模式管控企业

第三部分:
措施系统——串起散落民间的智慧
1)创新方法论的两大核心
2)打造企业创新土壤
3)鱼骨七步寻找一招制敌方法
4)圆饼图重新规划时间资源投入
5)流程图把标杆复制成标准

第四部分:
评估系统——塑造强执行力的习惯
1)没有检查就没有执行
2)构建企业检查评估脸谱系统
3)数据:企业神经流系统构建
4)会议:过程控制体系打造
5)一场绩效会议提高执行力

第五部分:
激励系统——释放人性深处的价值
1)员工盈利模式四大结构设计
2)两大绩效激励方案机制设计
3)三步法解决二线绩效考核难题
4)PK 比学赶帮超模式激活团队
5)奖罚机制驱动 ABC 类员工

第六部分:
方案 PK——想清楚、写清楚、讲清楚、干清楚
1)制定绩效方案"北斗七星阵"
2)现场进行兵棋推演实战
3)把绩效增长模式嵌入每个部门
4)绩效执行落地三个三模式
5)优秀团队及冠亚季军颁奖

"绩效增长模式" 课程八大收获:

1. 统一高层绩效管理的思想认识
2. 制定企业发展战略目标
3. 制定清晰的部门目标 / 锁定核心 KPI
4. 构建企业的兵棋推演系统
5. 根据目标找到达成的方法措施
6. 建立月度评估、检查的追踪系统提升执行力
7. 现场设计企业的激励体系
8. 现场确定绩效执行计划

主讲导师：江竹兵老师

· 行动教育集团首席绩效导师
· 4N 绩效首席绩效导师
· 英国 C&G 国际培训师、企业培训师
· 国家高级人力资源管理师、心理咨询师
· 20 年企业绩效管理培训、咨询与实战经验

曾担任：
· 知名咨询公司项目总监
· 大型股份制企业、中德合资企业高管
· 上海市高级人力资源总监班绩效管理讲师
· 国资委绩效管理高级讲师
· 原铁道部所属企业特聘绩效顾问
· 多家上市公司特聘绩效顾问

曾培训、辅导与咨询过的客户：
· 截止目前，已有超 6000 多家企业走进江老师"绩效增长模式"课堂
· 涉及地产、服装、餐饮、鞋业、建材、农业、教育、金融、通信、物流、市政工程、机械制造等近 100 个行业
· 包括报喜鸟、罗莱家纺、海澜之家、霞客环保、牧原股份、金新农、国光电器股份等 30 多家上市公司
· 实地走入鲁花集团、以纯服饰、安徽宣酒、湖波水泥、美亚商务、东磁股份等 100 多家企业进行绩效落地辅导

部分客户

山东鲁花集团有限公司
上海避风塘食品有限公司
上海辉哥海鲜火锅餐饮有限公司
旺顺阁（北京）投资管理有限公司
绝味食品股份有限公司
上海立丰食品有限公司
安徽宣酒集团股份有限公司
顾家家居股份有限公司
北京倍舒特妇幼用品有限公司
青岛爱尔家佳新材料股份有限公司

湖南华联瓷业股份有限公司
苏州中来民生能源有限公司
横店集团东磁股份有限公司
罗莱生活科技股份有限公司
河南省湖波水泥集团有限公司
上海钢联物流股份有限公司
四川巨星企业集团有限公司
北京德坤瑶医医院
山西金虎便利连锁股份有限公司
上海珂兰商贸有限公司

客户见证

鲁花集团董事长孙孟全先生："在几十年的学习生涯中，这是我听过的把理论和实践结合最好的课程。鲁花人将派更多的中高层干部参加绩效课程的学习，未来集团将坚定不移地把绩效模式导入鲁花所有分子公司。"

临沂市政总经理庞玉坤先生："运用绩效管理的实效工具方法，光我们试验员这一个岗位，通过鱼骨图一个工具，1 吨料省 10 元，一年用料 40 万吨，直接省了 400 万元！"

中来股份总经理宋轶女士："团队老成员或者新加入的人才，不管你原来的层级如何，你有什么样的背景资历，到了中来，就必须接受和学习 4N 绩效的管理系统和工具，这样我们才能保持同频，达到高效沟通。"

顾家家居总裁顾江生先生："通过绩效管理的学习，建立了企业绩效管理标准，并且立志建立行业标准。这次培训将大大加速企业战略目标的实现和内部管理体系的建设，让企业能够稳步快速地发展。"

避风塘集团董事长叶锡铭先生："江老师和他的团队非常专业、专注，教会了我们很多的方法、工具，让我们的门店在行业增长放缓的今天，保持原有市场份额，精准把握用户需求，从而保持我们餐饮行业龙头的地位。"

南格尔生物科技有限公司总经理杨勇先生："2017 年整个集团的利润目标达成率是 184.87%，与 2016 年同比增长 445.01%！非常感谢 4N 绩效的团队，由于你们的专注、专心、专业，成就了今天的南格尔！"